重庆市畜牧技术推广总站 编

重庆草业

2020

中国农业出版社

农村读物出版社

北京

编写委员会

编 写 组

主　　编：尹权为　贺德华　张璐璐

副 主 编：陈东颖　程　尚　刘学福

编写人员：（以姓氏笔画为序）

王加亭　尹权为　刘　彬　刘学福　李发玉

李纪刚　吴　梅　张璐璐　陈东颖　陈志宏

贺德华　唐　军　程　尚

前　言
PREFACE

为准确掌握重庆市草业发展形势，以便于从事、支持、关心草业的各有关部门和广大工作者了解、研究重庆市草业经济发展情况，重庆市畜牧技术推广总站在对 2020 年各区（县、自治县）的 30 个县级草业统计资料进行整理的基础上，收集草业主推技术、主导品种、标准规范等材料，编辑出版《重庆草业 2020》，供读者作为工具资料查阅。本书正文共分四章：第一章为草业发展综述；第二章为天然饲草地利用统计；第三章为草业生产统计，包括多年生牧草生产、一年生牧草生产、商品草生产、草产品加工企业生产、农闲田面积、农闲田种草情况等；第四章为重庆市草业相关地方标准制定统计。本书最后设有附录，包括草业统计指标解释、2020 年重庆市草业主导品种和主推技术名录、重庆市主推饲草简介、2020 年草业科学大事记。

本书所涉及生产方面的全市性统计指标未包括主城 9 区数据，重庆市万盛经济技术开发区数据并入綦江区；行政地区"石柱土家族自治县""秀山土家族苗族自治县""酉阳土家族苗

1

族自治县""彭水苗族土家族自治县"分别简称为"石柱县"
"秀山县""酉阳县""彭水县"。书中部分数据合计数和相对数
由于计量单位取舍不同而产生的计算误差,未做调整。数据项
空白表示数据不详或无该项指标数据。

　　由于个别区(县)统计资料收集不够完全,编辑时间仓促,
加之水平有限,难免出现差错,敬请读者批评指正。

编者

2022年3月

目 录
CONTENTS

第一章
重庆市草业发展综述

一、草地保护与利用情况

2020年是我国全面建成小康社会目标实现之年，是全面打赢脱贫攻坚战收官之年。中央一号文件提出要支持奶业、禽类、牛羊等行业的生产，引导优化肉类消费结构。国务院办公厅《关于促进畜牧业高质量发展的意见》（国办发〔2020〕31号）指出，要因地制宜推行粮改饲，增加青贮玉米种植，提高苜蓿、燕麦草等紧缺饲草自给率；推进饲草料专业化生产，加强饲草料加工、流通、配送体系建设；促进秸秆等非粮饲料资源高效利用。

重庆市认真落实中央部署，相继出台了市委一号文件、重庆市人民政府办公厅《关于促进畜牧业高质量发展的实施意见》（渝府办发〔2020〕139号）等文件。重庆市农业农村委员会认真落实中央关于草业方面的总体部署，印发畜牧工作要点，提出大力开展人工种草，促进粮、经、饲结构调整；培育社会化专业饲草生产收贮服务组织，建立规模化加工和商品化销售模式；同时，组织开展国家草品种区域试验、优质饲草高效种植、牛羊健康养殖等工作，重庆草地保护与利用工作稳步推进。

（一）草地资源利用科学开展

重庆市通过政策引导、新技术推广和经典案例宣传，科学开展草地承包、利用，部分退化草地植被得到一定程度恢复。据统计数据，2020年，天然草地利用面积204.38万亩*，以放牧利用为主，面积为163.76万亩。承包利用126.25万亩，其中承包到户面积89.27万亩；禁牧、休牧、轮牧面积79.15万亩，其中轮牧33.96万亩。

（二）草食畜牧业生产方式转变

随着草业管理机构改革以及优质饲草品种、新型实用技术的推广，重庆市大力发展现代草牧业，积极推广种养结合循环发展模式，加大高产牧草推广力度，草地畜牧业生产方式正在逐步转变。以放牧为主的传统草地畜牧业占比逐渐降低，生产布局和养殖结构继续进一步优化调整，肉牛养殖以舍饲为主，散户逐步退出；山羊以"放牧＋补饲"为主，适度规模场经营。牛羊养殖规模化、标准化程度稳中有升，2020年肉牛年出栏数10头以上场户占比为36.93％。羊年出栏数100只以上场户占比为11.14％（年末存栏数为0的场户未纳入计算）。

二、牧草种植生产情况

随着国家农业供给侧结构性改革的深入推进和粮、经、饲三元种植结构调整，重庆结合山地资源优势合理发展草牧业，优化牧草种植区域和种类。优良牧草种植比例和牧草单产水平都有所提升，全市涌现出一批草牧业发展新模式，粮、经、饲三元结构调整成效初显。

（一）人工种草面积基本稳定

重庆市即便受机构改革、非洲猪瘟疫情防控等影响，投入到草牧业的人力、财力减少，但优质饲草需求旺盛、缺口较大，2020年人工种草面积保持基本稳定态势。2020年，全市年末人工

---

* 亩为非法定计量单位。1亩≈0.066 7公顷。——编者注

种草保留面积 49.24 万亩（其中多年生 20.43 万亩，一年生 28.81 万亩），生产面积与 2019 年基本一致。

（二）区域布局更加合理

重庆市牧草生产布局既存在受市场拉动和资源支撑影响的"草随畜走"和"以草定畜牧"形态，如丰都县、合川区因畜牧业发展而兴起的牧草产业；也存在受自然气候、交通条件影响的因地制宜为主的业态，中、高海拔山地以低矮饲草生产为主，中低海拔平坝及浅丘区（尤其是肉牛养殖区）以高产、高秆饲草生产为主。

从区域布局优化调整来看，各区（县）的草业发展更趋集中、合理。草牧业发展区牛羊生产（主要为山羊）形成以天然草地放牧为主，适度发展人工种草的业态，该区域以生态保护优先，贯彻落实草原禁牧和草畜平衡制度，科学开展改良种草和休牧、轮牧，季节性缺卓从农区调运饲草料和农副资源解决冬季饲草不足的问题。各区（县）不断加快生产方式转变，提升基础设施建设，推进"放牧＋舍饲"相结合的模式，肉牛以舍饲为主，提升标准化、集约化水平，加快牲畜出栏，这为保障长江生态安全、打赢扶贫攻坚战、保障肉食品供应、促进地方农业经济发展作出了积极贡献。

2020 年，重庆市草业发展 14 个重点区（县）人工种植年末保留面积 41.43 万亩，占全市的 84.14％（85.96％），同比下降 1.8％。其中丰都县、开州区、万州区、巫溪县、奉节县饲草种植年末保留面积分别为 5.52 万亩、5.17 万亩、5.12 万亩、4.51 万亩、3.8 万亩，分别占全市的 11.2％、10.51％、10.4％、9.16％、7.72％。

（三）优质草种推广效果良好

在南方现代草地畜牧业推进行动等项目实施影响和优质饲草品种评价试验与示范推广等工作推动下，适宜重庆市生产的豆科类白三叶、红三叶和禾本科类黑麦草、青贮玉米、狼尾草等优质饲草种植比例占比较大，推广效果良好。2020 年，全市多花黑麦草、青贮玉米、多年生黑麦草、白三叶、狼尾草、红三叶的种植面积达32.13万亩，占饲草种植总面积的65.25%。这5种饲草的种植面积分别为7.99万亩、5.88万亩、5.12万亩、4.75万亩、4.41万亩、3.98万亩；5种饲草的保留面积分别占保留总面积的16.22%、11.94%、10.4%、9.65%、8.96%、8.07%。

（四）单产水平进一步提高

在南方现代草地畜牧业推进行动等项目的影响和草业工程技术中心等项目的技术推广示范下，全市有关区（县）坚持科技兴草兴牧，大力推广丰产关键技术，增加优良牧草品种比例，扩大规模化种植，实施机械化作业和病虫害防控等综合生产管理措施，总体上看种草单产水平有所提高，饲草总产量基本稳定。

2020年，全市饲草平均单产1 000.04kg/亩，单产水平比上年增加3.8%；总产量49.24万t，比上年略有下降。其中主产饲草多花黑麦草、青贮玉米、多年生黑麦草、白三叶、狼尾草、红三叶平均单产分别为1 240.58kg/亩、1 031.75kg/亩、951.98kg/亩、487.44kg/亩、2 454.85kg/亩、521.97kg/亩，同比增加2.3%、－2.3%、3.6%、7.6%、0.1%、10.2%，主产饲草产量36.07万t，占比与上年基本持平。

三、商品草生产与销售情况

随着振兴奶业行动、南方现代草地畜牧业推进行动等项目的持续实施和畜禽养殖环保综合整治，种养循环生产模式得到进一步推广，重庆牧草种植结构不断优化，商品草生产供需关系进一步稳定。专业化商品草生产已由简单数量型向质量效益型转变，商品草生产面积和总产量下降，单产有所上升，优质饲草调运频率降低，商品草生产企业实力进一步增强。

（一）商品草生产有所下降

2020 年，重庆市商品草生产企业、生产面积、产量都有所下降，单产有所上升。3 家专业化商品草生产企业，生产面积0.427 万亩、总产量（折合干草）1.111 万 t，比上年分别下降6.2%、5.5%；单产 2 601.41kg/亩，比上年增加 7.1%。重庆市主要商品草品种为狼尾草、多花黑麦草，2020 年生产面积分别为 0.394万亩、0.033 万亩，占全市当年商品草生产的 92.3%、7.7%；产量分别为 1.067 万 t、0.044 万 t，占全市当年的 96.0%、4.0%。

（二）草产品供不应求

据不完全统计数据，2020 年重庆草产品生产加工专业化企业 3家，主要通过种植狼尾草、多花黑麦草加工青贮饲料，全年生产青贮饲料 2.616 万 t，当年销售 2.217 万 t，销售率 86.3%，销售率比上年增加 16 个百分点，商品草存量大幅下降。其中丰都县大地牧歌农业发展有限公司主要种植狼尾草来加工青贮饲料，青贮饲料生产量 1.205 万 t，销售量 1.205 万 t，分别占全市青贮饲料的46.1%、54.4%，受生产地块机械碾压板结而减产的影响，商品草产品供不应求。

第二章

天然饲草地利用统计

重庆市天然饲草地利用情况见表 2-1。

表 2-1 天然饲草地利用情况

行政名称	累计承包面积/万亩				禁牧、休牧、轮牧面积/万亩				天然草地利用面积/万亩			
	合计	承包到户面积	承包到联户面积	其他承包形式面积	合计	禁牧面积	休牧面积	轮牧面积	合计	打贮草面积	刈牧兼用面积	其他方式利用面积
重庆市	126.252	89.267	6.992	29.993	79.154	28.162	17.031	33.961	204.377	7.791	32.829	163.757
万州区	3.150	2.010	0.720	0.420	6.781	1.131	1.860	3.790	15.808	1.260	0.098	14.450
涪陵区	1.351	1.050	0.300	0.001	0.003	0.001	0.001	0.001	2.800	0.100	0.500	2.200
綦江区	0.200	0.050	0.150						0.200			0.200
大足区	8.200	5.300	2.100	0.800	3.800	1.000	0.700	2.100	5.271	0.001	1.590	3.680
黔江区	0.500	0.500							3.107		0.397	2.710

（续）

行政名称	累计承包面积/万亩				禁牧、休牧、轮牧面积/万亩				天然草地利用面积/万亩			
	合计	承包到户面积	承包到联户面积	其他承包形式面积	合计	禁牧面积	休牧面积	轮牧面积	合计	打贮草面积	刈牧兼用面积	其他方式利用面积
长寿区									0.301		0.200	0.101
江津区									0.270		0.060	0.210
合川区												
永川区	0.130	0.130							0.170	0.040	0.100	0.030
南川区	3.890	3.890			3.720	1.510	1.000	1.210	3.970	1.890	1.620	0.460
璧山区	2.920	2.920							0.502	0.001	0.001	0.500
铜梁区	1.140	0.560		0.580					2.920			2.920
潼南区					0.380	0.380			1.260		0.800	0.460
荣昌区	11.300			11.300								
开州区	0.400	0.400			12.290	5.850	2.920	3.520	19.730	0.820	1.580	17.330
梁平区	1.790	1.180	0.120	0.490	0.410	0.210	0.100	0.100	0.420	0.088	0.127	0.205
城口县	5.650	1.380		4.270					6.720		0.170	6.550
丰都县									5.660		2.790	2.870
垫江县	7.000	4.000	2.000	1.000					0.001			0.001
武隆区					12.000	9.000	2.000	1.000	8.102	0.001	0.001	8.100

重庆草业2020

(续)

行政名称	累计承包面积/万亩				禁牧、休牧、轮牧面积/万亩				天然草地利用面积/万亩			
	合计	承包到户面积	承包到联户面积	其他承包形式面积	合计	禁牧面积	休牧面积	轮牧面积	合计	打贮草面积	刈牧兼用面积	其他方式利用面积
忠县	0.071	0.039		0.032					8.112		0.031	8.081
云阳县	14.100	14.100			0.800	0.800			14.500		2.200	12.300
奉节县	9.200	6.800	1.400	1.000	12.200	1.300	1.100	9.800				
巫山县	0.510	0.408	0.102						0.533	0.050	0.204	0.279
巫溪县	22.650	22.450	0.100	0.100	7.270	3.890	1.140	2.240	22.380	0.500	0.660	21.220
石柱县	6.800	6.800			4.900	1.490	1.210	2.200	8.900	1.800	4.700	2.400
酉阳县	0.300	0.300			0.600	0.600			47.740	0.240	14.000	33.500
彭水县	25.000	15.000		10.000	14.000	1.000	5.000	8.000	25.000	1.000	1.000	23.000

第三章

草业生产统计

一、牧草种植与草种生产情况

牧草种植与草种生产情况见表 3 - 1。

表 3 - 1 牧草种植与草种生产情况

县级行政名称	人工种草保留面积/万亩	当年种草面积/万亩				当年耕地种草面积/万亩	草种田面积/万亩	种子产量/t				秸秆产量/t	秸秆饲用量/t	秸秆加工饲用量/t	其他农副资源饲用量/t
		合计	当年一年生种草面积	当年多年生种草面积				合计	多年生种子产量	一年生种子产量					
重庆市	49.244	31.649	28.811	2.838		24.714						4 286 236	388 794	85 711	345 357
万州区	5.122	3.280	2.735	0.545		1.951						504 100	209 700	62 950	
涪陵区	0.425	0.205	0.205			0.165						1 250 000	7 800		15 200

（续）

县级行政名称	人工种草保留面积/万亩	当年种草面积/万亩			当年耕地种草面积/万亩	草种田面积/万亩	种子产量/t			秸秆产量/t	秸秆饲用量/t	秸秆加工饲用量/t	其他农副资源饲用量/t
		合计	当年一年生生种草面积	当年多年生生种草面积			合计	多年生种子产量	一年生种子产量				
綦江区	0.377	0.119	0.119		0.109								
大足区	0.528	0.371	0.338	0.033	0.240					68 275	2 094	20	2 460
黔江区	2.149	1.927	1.883	0.044	1.913								
长寿区	0.170	0.170	0.070	0.100									
江津区	0.433	0.201	0.190	0.011	0.131					509 350	6 700	30	27 500
合川区	1.697	0.569	0.469	0.100	0.559					457 100	7 915	301	795
永川区	0.020	0.002	0.002							323 325	870	120	29 370
南川区	1.397	1.395	0.835	0.560	1.225								
璧山区	0.004	0.004	0.004		0.004								
铜梁区	0.872	0.627	0.404	0.223	0.358								
潼南区	2.250	2.050	1.990	0.060	2.050					12 680	780		860
荣昌区	0.434	0.392	0.290	0.102	0.282								
开州区	5.174	4.634	4.459	0.175	3.364					150 000	1 790	1 290	6 800
梁平区	0.477	0.143	0.052	0.091	0.028								

（续）

| 县级行政名称 | 人工种草保留面积/万亩 | 当年种草面积/万亩 | | | 草种田面积/万亩 | 种子产量/t | | | 秸秆产量/t | 秸秆饲用量/t | 秸秆加工饲用量/t | 其他农副资源饲用量/t |
		合计	当年一年生种草面积	当年多年生种草面积	当年耕地种草面积/万亩	合计	多年生种子产量	一年生种子产量				
城口县	0.962	0.868	0.838	0.030	0.788				42 105	167		11 200
丰都县	5.516	1.455	1.455		1.455				217 438	50 050		208 910
垫江县	0.930	0.916	0.916		0.270				99 780	7 000		29 862
武隆区	1.073	1.057	1.040	0.017	1.057							
忠　县	0.393	0.225	0.185	0.040	0.113							
云阳县	3.620	3.441	3.350	0.091	3.441							
奉节县	3.801	2.727	2.705	0.022	2.687				198 000	59 400	11 300	12 400
巫山县	0.907	0.463	0.459	0.004	0.463							
巫溪县	4.513	1.160	1.038	0.122	1.150				4 165	3 900	3 900	
石柱县	1.526	0.400	0.240	0.160	1.150				51 455	5 400	900	
秀山县	0.884	0.663	0.655	0.008	0.006							
酉阳县	2.150	1.045	0.845	0.200	0.905				398 463	25 228	4 900	
彭水县	1.440	1.140	1.040	0.100								

二、多年生牧草生产情况

多年生牧草生产情况见表3-2。

表3-2 多年生牧草生产情况

行政名称	牧草种类	人工种草保留面积/万亩 合计	其中:当年新增人工种草面积/万亩 小计	其中:当年耕地种草面积	农闲田种草面积/万亩 合计	冬闲田(冬春闲田)种草面积	夏秋闲田种草面积	果园滕地种草面积	"四边"地种草面积	其他类型种草面积	人工种草单产/(kg/亩)	人工种草产量(折合干草)/t	鲜草实际青贮量/t	灌溉比例/%
重庆市	合 计	20.433	2.838	1.325	0.909			0.103	0.425	0.381	1 081	220 932.51	32 656	
万州区	小 计	2.387	0.545	0.171	0.138			0.021	0.094	0.023		16 405.23		
	白三叶	1.493	0.066	0.066	0.033			0.021	0.012		327	4 882.11		
	串叶松香草	0.030	0.030	0.030	0.030			0.030			642	192.60		
	红三叶	0.247	0.095		0.017						531	1 311.57		
	菊 苣	0.027	0.017	0.017	0.017				0.017		673	181.71		
	聚合草	0.073	0.073	0.073							670	489.10		
	狼尾草	0.299	0.066	0.040	0.040				0.025	0.015	2 658	7 947.42		
	韦状羊茅	0.180	0.180	0.180							619	1 114.20		
	紫花苜蓿	0.038	0.018	0.018	0.018				0.010	0.008	754	286.52		

（续）

行政名称	牧草种类	人工种草保留面积/万亩 合计	其中:当年新增人工种草面积 小计	其中:当年耕地种草面积	农闲田种草面积/万亩 合计	冬闲田(冬春闲田)种草面积	夏秋闲田种草面积	果园隙地种草面积	"四边"地种草面积	其他类型种草面积	人工种草单产/(kg/亩)	人工种草产量(折合干草)/t	鲜草实际青贮量/t	灌溉比例/%
涪陵区	小计	0.220									2 800	6 160.00	260	
	狼尾草	0.220									2 800	6 160.00	260	
綦江区	小计	0.258										2 375.77		
	多年生黑麦草	0.110									942	1 036.20		
	狗尾草	0.011									487	53.57		
	菊苣	0.010									500	50.00		
	狼尾草	0.042									1 850	777.00		
	木本蛋白饲料	0.085									540	459.00		
大足区	小计	0.190	0.033								2 425	4 607.50		
	狼尾草	0.190	0.033	0.005							2 425	4 607.50		
黔江区	小计	0.266	0.044	0.035								3 969.25		
	白三叶	0.009	0.006								500	45.00		
	多年生黑麦草	0.130	0.003								870	1 131.00		

（续）

行政名称	牧草种类	人工种草保留面积/万亩 合计	其中：当年新增人工种草面积 小计	其中：当年耕地种草面积	农闲田种草面积/万亩 合计	冬闲田(冬春闲田)种草面积	夏秋闲田种草面积	果园隙地种草面积	"四边"地种草面积	其他类型种草面积	人工种草单产/(kg/亩)	人工种草产量(折合干草)/t	鲜草实际青贮量/t	灌溉比例/%
黔江区	菊苣	0.002	0.002	0.002							600	12.00		
	狼尾草	0.125	0.033	0.033							2 225	2 781.25		
长寿区	小计	0.100	0.100								2 400	2 400.00	2 159	
	狼尾草	0.100	0.100								2 400	2 400.00	2 159	
江津区	小计	0.243	0.011	0.011								4 585.40		
	菊苣	0.003									580	17.40		
	狼尾草	0.070	0.011	0.011							2 300	1 610.00		
	牛鞭草	0.170									1 740	2 958.00		
合川区	小计	1.228	0.100	0.100	0.015			0.005	0.005	0.005		22 359.60	702	6
	多年生黑麦草	0.269	0.003	0.003	0.003			0.001	0.002		730	1 963.70	18	13
	狼尾草	0.874	0.012	0.012	0.012			0.004	0.003	0.005	2 285	19 970.90	684	15
	木本蛋白饲料	0.055	0.055	0.055							500	275.00		10
	其他多年生牧草	0.030	0.030	0.030							500	150.00		

（续）

行政名称	牧草种类	人工种草保留面积/万亩 合计	其中：当年新增人工种草面积 小计	其中：当年耕地种草面积	农闲田种草面积/万亩 合计	冬闲田（冬春闲田）种草面积	夏秋闲田种草面积	果园隙地种草面积	"四边"地种草面积	其他类型种草面积	人工种草单产/(kg/亩)	人工种草产量（折合干草）/t	鲜草实际青贮量/t	灌溉比例/%
永川区	小计	0.018										448.40		
	多年生黑麦草	0.002									1 220	24.40		
	狼尾草	0.016									2 650	424.00		
南川区	小计	0.562	0.560	0.485	0.473				0.238	0.235		3 719.60		
	白三叶	0.440	0.440	0.420	0.410				0.220	0.190	580	2 552.00		
	多年生黑麦草	0.110	0.110	0.065	0.063				0.018	0.045	780	858.00		
	狼尾草	0.012	0.010								2 580	309.60		
铜梁区	小计	0.468	0.223									6 242.80		
	多年生黑麦草	0.225	0.115								985	2 216.25		
	菊苣	0.110	0.108								700	770.00		
	狼尾草	0.130									2 480	3 224.00		
	牛鞭草	0.001									1 495	14.95		
	紫花苜蓿	0.002									880	17.60		

15

（续）

行政名称	牧草种类	人工种草保留面积/万亩 合计	其中：当年新增人工种草面积 小计	其中：当年耕地种草面积	农闲田种草面积/万亩 合计	冬闲田(冬春闲田)种草面积	夏秋闲田种草面积	果园隙地种草面积	"四边"地种草面积	其他类型种草面积	人工种草单产/(kg/亩)	人工种草产量(折合干草)/t	鲜草实际青贮量/t	灌溉比例/%
潼南区	小 计	0.260	0.060	0.060	0.060				0.060			4 297.52	3 880	
	多年生黑麦草	0.107									862	922.34	912	8
	狼尾草	0.153	0.060	0.060	0.060				0.060		2 206	3 375.18	2 968	2
荣昌区	小 计	0.144	0.102	0.002	0.002				0.001	0.001		2 928.00		
	狼尾草	0.038	0.002	0.002	0.002				0.001	0.001	2 500	950.00		
	木本蛋白饲料	0.100	0.100								1 900	1 900.00		
	牛鞭草	0.006									1 300	78.00		
开州区	小 计	0.715	0.175	0.068	0.020			0.020				9 660.06	915	
	多年生黑麦草	0.332	0.119	0.032	0.020			0.020			848	2 815.36	915	10
	狗尾草	0.060	0.030	0.030							1 312	787.20		5
	红三叶	0.026	0.004	0.004							600	156.00		10
	狼尾草	0.260	0.020	0.020							2 035	5 291.00		5
	牛鞭草	0.037	0.002	0.002							1 650	610.50		10

（续）

行政名称	牧草种类	人工种草保留面积/万亩			农闲田种草面积/万亩						人工种草单产/(kg/亩)	人工种草产量(折合干草)/t	鲜草实际青贮量/t	灌溉比例/%
		合计	其中:当年新增人工种草面积		合计	冬闲田(冬春闲田)种草面积	夏秋闲田种草面积	果园隙地种草面积	"四边"地种草面积	其他类型种草面积				
			小计	其中:当年耕地种草面积										
梁平区	小计	0.425	0.091	0.006	0.004			0.001		0.003		6 930.23	2 103	
	白三叶	0.103	0.053								519	534.57		
	多年生黑麦草	0.080									803	642.40		
	菊苣	0.011	0.007	0.006	0.004			0.001		0.003	708	77.88		
	狼尾草	0.211	0.031								2 618	5 523.98	2 103	
	紫花苜蓿	0.020									757	151.40		
城口县	小计	0.124	0.030	0.030	0.030					0.030		1 513.60	587	
	白三叶	0.002									570	11.40		
	多年生黑麦草	0.037									1 010	373.70	87	
	菊苣	0.010									770	77.00		
	狼尾草	0.030	0.030	0.030	0.030					0.030	2 200	660.00	500	
	紫花苜蓿	0.045									870	391.50		
丰都县	小计	4.061										46 619.20	19 000	

（续）

行政名称	牧草种类	人工种草保留面积/万亩 合计	其中：当年新增人工种草面积 小计	其中：当年排地种草面积	农闲田种草面积/万亩 合计	冬闲田(冬春闲田)种草面积	夏秋闲田种草面积	果园隙地种草面积	"四边"地种草面积	其他类型种草面积	人工种草单产(kg/亩)	人工种草产量(折合干草)/t	鲜草实际青贮量/t	灌溉比例/%
丰都县	白三叶	1.683									560	9 424.80		
	多年生黑麦草	1.524									950	14 478.00		
	粮尾草	0.854									2 660	22 716.40	19 000	
垫江县	小 计	0.014										139.61		
	多年生黑麦草	0.010									910	91.00		
	牛鞭草	0.003									1 390	41.70		
	紫花苜蓿	0.001									691	6.91		
武隆区	小 计	0.033	0.017	0.017	0.017			0.005	0.008	0.004		402.00		
	白三叶	0.003	0.002	0.002	0.002			0.001	0.001	0.001	400	12.00		
	多年生黑麦草	0.020	0.010	0.010	0.010			0.002	0.005	0.003	800	160.00		
	粮尾草	0.010	0.005	0.005	0.005			0.002	0.002	0.001	2 300	230.00		
忠 县	小 计	0.208	0.040	0.040	0.040			0.001		0.039		4 196.74	3 050	100
	白三叶	0.021	0.001	0.001	0.001			0.001			400	84.00		

（续）

行政名称	牧草种类	人工种草保留面积/万亩 合计	其中：当年新增人工种草面积 小计	其中：当年耕地种草面积	农闲田种草面积/万亩 合计	冬闲田(冬春闲田)种草面积	夏秋闲田种草面积	果园隙地种草面积	"四边"地种草面积	其他类型种草面积	人工种草单产/(kg/亩)	人工种草产量(折合干草)/t	鲜草实际青贮量/t	灌溉比例/%
忠县	多年生黑麦草	0.023	0.001	0.001	0.001					0.001	650	149.50		100
	狼尾草	0.161	0.038	0.038	0.038					0.038	2 454	3 950.94	3 050	100
	苇状羊茅	0.003									410	12.30		100
云阳县	小计	0.270	0.091	0.091	0.022			0.017	0.004	0.001		3 205.00		
	白三叶	0.018	0.005	0.005	0.005			0.004	0.001		500	90.00		
	多年生黑麦草	0.120	0.030	0.030							800	960.00		
	狗尾草	0.001	0.001	0.001							1 000	10.00		
	红三叶	0.001									500	5.00		
	狼尾草	0.095	0.040	0.040							2 000	1 900.00		
	木本蛋白饲料	0.020	0.010	0.010							600	120.00		
	紫花苜蓿	0.015	0.005	0.005							800	120.00		
奉节县	小计	1.096	0.022	0.022							560	9 441.90		
	白三叶	0.118	0.005	0.005							560	660.80		

19

（续）

行政名称	牧草种类	人工种草保留面积/万亩			农闲田种草面积/万亩						人工种草单产/(kg/亩)	人工种草产量(折合干草)/t	鲜草实际青贮量/t	灌溉比例/%
		合计	其中：当年新增人工种草面积/万亩		合计	冬闲田(冬春闲田)种草面积	夏秋闲田种草面积	果园隙地种草面积	"四边"地种草面积	其他类型种草面积				
			小计	其中：当年耕地种草面积										
奉节县	多年生黑麦草	0.426	0.004	0.004	0.004			0.003	0.001		1 040	4 430.40		
	红三叶	0.215	0.002	0.002	0.002			0.002			585	1 257.75		
	菊苣	0.005	0.005	0.005	0.005			0.005			720	36.00		
	聚合草	0.109	0.001	0.001	0.001			0.001			785	855.65		
	狼尾草	0.028	0.003	0.003	0.003			0.002	0.001		2 360	660.80		
	紫花苜蓿	0.195	0.002	0.002	0.002				0.001	0.001	790	1 540.50		
巫山县	小 计	0.448	0.004	0.004	0.004			0.004				3 811.50		
	白三叶	0.063	0.002	0.002	0.002			0.002			550	346.50		
	紫花苜蓿	0.385	0.002	0.002	0.002			0.002			900	3 465.00		
巫溪县	小 计	3.475	0.122	0.112	0.112			0.028	0.015	0.069		17 482.60		
	白三叶	0.034	0.020	0.010	0.010			0.005	0.005		490	166.60		
	多年生黑麦草	0.047	0.011	0.011	0.011			0.010	0.001	0.001	600	282.00		
	红三叶	3.264	0.020	0.020	0.020			0.010	0.005	0.005	500	16 320.00		

（续）

行政名称	牧草种类	人工种草保留面积/万亩 合计	其中：当年新增人工种草面积/万亩 小计	其中：当年耕地种草面积	农闲田种草面积/万亩 合计	冬闲田（冬春闲田）种草面积	夏秋闲田种草面积	果园隙地种草面积	"四边"地种草面积	其他类型种草面积	人工种草单产/（kg/亩）	人工种草产量（折合干草）/t	鲜草实际贮量/t	灌溉比例/%
巫溪县	木本蛋白饲料	0.060	0.010	0.010	0.010					0.010	520	312.00		
	其他多年生牧草	0.010	0.010	0.010	0.010				0.005	0.005	300	30.00		
	紫花苜蓿	0.060	0.051	0.051	0.051			0.003		0.048	620	372.00		
石柱县	小　计	1.286	0.160									8 806.00		
	白三叶	0.450									500	2 250.00		
	多年生黑麦草	0.780	0.160								800	6 240.00		
	红三叶	0.050									500	250.00		
	鸭　茅	0.006									1 100	66.00		
秀山县	小　计	0.229	0.008	0.006	0.02			0.001		0.001		5 620.50		
	多年生黑麦草	0.006	0.006	0.004							950	57.00		
	狼尾草	0.222	0.004	0.002	0.002			0.001		0.001	2 500	5 550.00		
	牛鞭草	0.001									1 350	13.50		
酉阳县	小　计	1.305	0.200	0.060								18 444.50		

21

（续）

行政名称	牧草种类	人工种草保留面积/万亩			农闲田种草面积/万亩							人工种草单产/(kg/亩)	人工种草产量(折合干草)/t	鲜草实际青贮量/t	灌溉比例/%
		合计	其中:当年新增人工种草面积		合计	冬闲田(冬春闲田)种草面积	夏秋闲田种草面积	果园隙地种草面积	"四边"地种草面积	其他类型种草面积					
			小计	其中:当年耕地种草面积											
	白三叶	0.117	0.021									900	1 053.00		
	串叶松香草	0.004	0.001									1 200	48.00		
	多年生黑麦草	0.763	0.120	0.050								1 300	9 919.00		
	红三叶	0.072	0.012	0.002								900	648.00		
	菊苣	0.019	0.008									750	142.50		
酉阳县	狼尾草	0.172	0.002									2 900	4 988.00		
	牛鞭草	0.011	0.002									2 000	220.00		
	其他多年生牧草	0.014	0.001	0.001								1 100	154.00		
	羊状羊茅	0.036	0.016	0.006								800	288.00		
	鸭茅	0.061	0.011	0.001								1 200	732.00		
	紫花苜蓿	0.036	0.006									700	252.00		

（续）

行政名称	牧草种类	人工种草保留面积/万亩			农闲田种草面积/万亩						人工种草单产/(kg/亩)	人工种草产量（折合干草）/t	鲜草实际青贮量/t	灌溉比例/%
		合 计	其中：当年新增人工种草面积		合　计	冬闲田（冬春闲田）种草面积	夏秋闲田种草面积	果园隙地种草面积	"四边"地种草面积	其他类型种草面积				
			小　计	其中：当年耕地种草面积										
彭水县	小　计	0.400	0.100									4 160.00		
	白三叶	0.200									530	1 060.00		
	红三叶	0.100									800	800.00		
	狼尾草	0.100	0.100								2 300	2 300.00		

23

多年生黑麦草生产情况见表3－3。

表3－3　多年生黑麦草

行政名称	牧草种类	人工种草保留面积/万亩			农闲田种草	
		合　计	其中：当年新增人工种草面积		合　计	冬闲田（冬春闲田）种草面积
			小　计	其中：当年耕地种草面积		
重庆市	合　计	5.121	0.690	0.210	0.112	
綦江区	多年生黑麦草	0.110				
黔江区	多年生黑麦草	0.130	0.003			
合川区	多年生黑麦草	0.269	0.003	0.003	0.003	
永川区	多年生黑麦草	0.002				
南川区	多年生黑麦草	0.110	0.110	0.065	0.063	
铜梁区	多年生黑麦草	0.225	0.115			
潼南区	多年生黑麦草	0.107				
开州区	多年生黑麦草	0.332	0.119	0.032	0.020	
梁平区	多年生黑麦草	0.080				
城口县	多年生黑麦草	0.037				
丰都县	多年生黑麦草	1.524				
垫江县	多年生黑麦草	0.010				
武隆区	多年生黑麦草	0.020	0.010	0.010	0.010	
忠　县	多年生黑麦草	0.023	0.001	0.001	0.001	
云阳县	多年生黑麦草	0.120	0.030	0.030		
奉节县	多年生黑麦草	0.426	0.004	0.004	0.004	
巫溪县	多年生黑麦草	0.047	0.011	0.011	0.011	
石柱县	多年生黑麦草	0.780	0.160			
秀山县	多年生黑麦草	0.006	0.004	0.004		
酉阳县	多年生黑麦草	0.763	0.120	0.050		

生产情况

面积/万亩				人工种草单产/(kg/亩)	人工种草产量（折合干草）/t	鲜草实际青贮量/t	灌溉比例/%
夏秋闲田种草面积	果园隙地种草面积	"四边"地种草面积	其他类型种草面积				
	0.036	0.026	0.050	952	48 750.25	1 932	
				942	1 036.20		
				870	1 131.00		
	0.001	0.002		730	1 963.70	18	6
				1 220	24.40		
		0.018	0.045	780	858.00		
				985	2 216.25		
				862	922.34	912	8
	0.020			848	2 815.36	915	10
				803	642.40		
				1 010	373.70	87	
				950	14 478.00		
				910	91.00		
	0.002	0.005	0.003	800	160.00		
			0.001	650	149.50		100
				800	960.00		
	0.003	0.001		1 040	4 430.40		
	0.010		0.001	600	282.00		
				800	6 240.00		
				950	57.00		
				1 300	9 919.00		

狼尾草生产情况见表3-4。

表3-4　狼尾草

行政名称	牧草种类	人工种草保留面积/万亩			农闲田种草	
		合　计	其中：当年新增人工种草面积		合　计	冬闲田(冬春闲田)种草面积
			小　计	其中：当年耕地种草面积		
重庆市	合　计	4.412	0.600	0.281	0.162	
万州区	狼尾草	0.299	0.066	0.040	0.040	
涪陵区	狼尾草	0.220				
綦江区	狼尾草	0.042				
大足区	狼尾草	0.190	0.033	0.005		
黔江区	狼尾草	0.125	0.033	0.033		
长寿区	狼尾草	0.100	0.100			
江津区	狼尾草	0.070	0.011	0.011		
合川区	狼尾草	0.874	0.012	0.012	0.012	
永川区	狼尾草	0.016				
南川区	狼尾草	0.012	0.010			
铜梁区	狼尾草	0.130				
潼南区	狼尾草	0.153	0.060	0.060	0.060	
荣昌区	狼尾草	0.038	0.002	0.002	0.002	
开州区	狼尾草	0.260	0.020			
梁平区	狼尾草	0.211	0.031			
城口县	狼尾草	0.030	0.030	0.030		
丰都县	狼尾草	0.854				
武隆区	狼尾草	0.010	0.005	0.005	0.005	
忠　县	狼尾草	0.161	0.038	0.038	0.038	
云阳县	狼尾草	0.095	0.040	0.040		
奉节县	狼尾草	0.028	0.003	0.003	0.003	
秀山县	狼尾草	0.222	0.004	0.002	0.002	
酉阳县	狼尾草	0.172	0.002			
彭水县	狼尾草	0.100	0.100			

生产情况

面积/万亩

夏秋闲田种草面积	果园际地种草面积	"四边"地种草面积	其他类型种草面积	人工种草单产/（kg/亩）	人工种草产量（折合干草）/t	鲜草实际青贮量/t	灌溉比例/%
	0.009	0.092	0.061	2 455	108 307.97	30 724	
		0.025	0.015	2 658	7 947.42		
				2 800	6 160.00	260	
				1 850	777.00		
				2 425	4 607.50		
				2 225	2 781.25		
				2 400	2 400.00	2 159	
				2 300	1 610.00		
	0.004	0.003	0.005	2 285	19 970.90	684	13
				2 650	424.00		
				2 580	309.60		
				2 480	3 224.00		
		0.060		2 206	3 375.18	2 968	2
		0.001	0.001	2 500	950.00		
				2 035	5 291.00		5
				2 618	5 523.98	2 103	
				2 200	660.00	500	
				2 660	22 716.40	19 000	
	0.002	0.002	0.001	2 300	230.00		
			0.038	2 454	3 950.94	3 050	100
				2 000	1 900.00		
	0.002	0.001		2 360	660.80		
	0.001		0.001	2 500	5 550.00		
				2 900	4 988.00		
				2 300	2 300.00		

白三叶生产情况见表3-5。

表3-5 白三叶

行政名称	牧草种类	人工种草保留面积/万亩			农闲田种草	
		合 计	其中：当年新增人工种草面积		合 计	冬闲田（冬春闲田）种草面积
			小 计	其中：当年耕地种草面积		
重庆市	合 计	4.754	0.621	0.511	0.463	
万州区	白三叶	1.493	0.066	0.066	0.033	
黔江区	白三叶	0.009	0.006			
南川区	白三叶	0.440	0.440	0.420	0.410	
梁平区	白三叶	0.103	0.053			
城口县	白三叶	0.002				
丰都县	白三叶	1.683				
武隆区	白三叶	0.003	0.002	0.002	0.002	
忠 县	白三叶	0.021	0.001	0.001	0.001	
云阳县	白三叶	0.018	0.005	0.005		
奉节县	白三叶	0.118	0.005	0.005	0.005	
巫山县	白三叶	0.063	0.002	0.002	0.002	
巫溪县	白三叶	0.034	0.020	0.010	0.010	
石柱县	白三叶	0.450				
酉阳县	白三叶	0.117	0.021			
彭水县	白三叶	0.200				

生产情况

面积/万亩				人工种草单产/(kg/亩)	人工种草产量（折合干草）/t	鲜草实际青贮量/t	灌溉比例/%
夏秋闲田种草面积	果园隙地种草面积	"四边"地种草面积	其他类型种草面积				
	0.034	0.239	0.19	487	23 172.78		
	0.021	0.012		327	4 882.11		
				500	45.00		
		0.220	0.19	580	2 552.00		
				519	534.57		
				570	11.40		
				560	9 424.80		
	0.001	0.001		400	12.00		
	0.001			400	84.00		100
				500	90.00		
	0.004	0.001		560	660.80		
	0.002			550	346.50		
	0.005	0.005		490	166.60		
				500	2 250.00		
				900	1 053.00		
				530	1 060.00		

红三叶生产情况见表3-6。

表3-6　红三叶

行政名称	牧草种类	人工种草保留面积/万亩			农闲田种草	
		合　计	其中：当年新增人工种草面积		合　计	冬闲田（冬春闲田）种草面积
			小　计	其中：当年耕地种草面积		
重庆市	合　计	3.975	0.133	0.028	0.022	
万州区	红三叶	0.247	0.095			
开州区	红三叶	0.026	0.004	0.004		
云阳县	红三叶	0.001				
奉节县	红三叶	0.215	0.002	0.002	0.002	
巫溪县	红三叶	3.264	0.020	0.020	0.020	
石柱县	红三叶	0.050				
酉阳县	红三叶	0.072	0.012	0.002		
彭水县	红三叶	0.100				

生产情况

面积/万亩				人工种草单产/（kg/亩）	人工种草产量（折合干草）/t	鲜草实际青贮量/t	灌溉比例/%
夏秋闲田种草面积	果园隙地种草面积	"四边"地种草面积	其他类型种草面积				
	0.012	0.005	0.005	522	20 748.32		
				531	1 311.57		
				600	156.00		10
				500	5.00		
	0.002			585	1 257.75		
	0.010	0.005	0.005	500	16 320.00		
				500	250.00		
				900	648.00		
				800	800.00		

紫花苜蓿生产情况见表3-7。

表3-7 紫花苜蓿

行政名称	牧草种类	人工种草保留面积/万亩			农闲田种草	
		合计	其中：当年新增人工种草面积		合计	冬闲田（冬春闲田）种草面积
			小计	其中：当年耕地种草面积		
重庆市	合 计	0.759	0.066	0.060	0.055	
万州区	紫花苜蓿	0.038	0.018	0.018	0.018	
铜梁区	紫花苜蓿	0.002				
梁平区	紫花苜蓿	0.020				
城口县	紫花苜蓿	0.045				
垫江县	紫花苜蓿	0.001				
云阳县	紫花苜蓿	0.015	0.005	0.005		
奉节县	紫花苜蓿	0.195	0.002	0.002	0.002	
巫山县	紫花苜蓿	0.385	0.002	0.002	0.002	
巫溪县	紫花苜蓿	0.060	0.051	0.051	0.051	
酉阳县	紫花苜蓿	0.036	0.006			

生产情况

面积/万亩				人工种草单产/（kg/亩）	人工种草产量（折合干草）/t	鲜草实际青贮量/t	灌溉比例/%
夏秋闲田种草面积	果园隙地种草面积	"四边"地种草面积	其他类型种草面积				
	0.005	0.001	0.049	832	6 316.91		
		0.010	0.008	754	286.52		
				880	17.60		
				757	151.40		
				870	391.50		
				691	6.91		
				800	120.00		
		0.001	0.001	790	1 540.50		
	0.002			900	3 465.00		
	0.003		0.048	620	372.00		
				700	252.00		

三、一年生牧草生产情况

一年生牧草生产情况见表3－8。

表3－8　一年生牧草生产情况

行政名称	牧草种类	人工种草保留面积/万亩		农闲田种草面积/万亩						人工种草单产/(kg/亩)	人工种草产量（折合干草）/t	鲜草实际青贮量/t	收贮面积/万亩	灌溉比例/%
		合计	其中：当年耕地种草面积	合计	冬闲田（冬春闲田）种草面积	夏秋闲田种草面积	果园隙地种草面积	"四边"地种草面积	其他类型种草面积					
重庆市	合计	28.811	23.389	12.469	4.492	5.083	0.464	1.546	0.884	942	271 484.83	170 680	1.133	
万州区	小计	2.735	1.780	1.148	0.068	0.200	0.015	0.865			19 777.22	39 028		
	多花黑麦草	0.672	0.437	0.238	0.068		0.015	0.155		851	5 718.72			
	墨西哥类玉米	0.006	0.003	0.003				0.003		896	53.76	28		
	饲用块根块茎作物	2.010	1.300	0.900		0.200		0.700		678	13 627.80	39 000		
	苏丹草	0.047	0.040	0.007				0.007		802	376.94			
涪陵区	小计	0.205	0.165								3 642.50			
	多花黑麦草	0.140	0.100							1 900	2 660.00			
	青贮青饲高粱	0.015	0.015							1 550	232.50			
	青贮玉米	0.050	0.050							1 500	750.00			

（续）

行政名称	牧草种类	人工种草保留面积/万亩		农闲田种草面积/万亩						人工种草单产/(kg/亩)	人工种草产量(折合干草)/t	鲜草实际青贮量/t	收贮面积/万亩	灌溉比例/%
		合计	其中:当年耕地种草面积	合计	冬闲田(冬春闲田)种草面积	夏秋闲田种草面积	果园隙地种草面积	"四边"地种草面积	其他类型种草面积					
綦江区	小计	0.119	0.109	0.109	0.054	0.055					1 246.30			
	多花黑麦草	0.064	0.054	0.054	0.054					1 250	800.00			
	青贮青饲高粱	0.007	0.007	0.007		0.007				800	56.00			
	青贮玉米	0.021	0.021	0.021		0.021				830	174.30			
	饲用块根块茎作物	0.027	0.027	0.027		0.027				800	216.00			
大足区	小计	0.338	0.235	0.147	0.080	0.030	0.005	0.021	0.011		4 463.44	3		1
	多花黑麦草	0.300	0.200	0.125	0.080	0.010	0.005	0.020	0.010	1 350	4 050.00	1		
	青贮青饲高粱	0.038	0.035	0.022		0.020		0.001	0.001	1 088	413.44	2		
黔江区	小计	1.883	1.878	0.186	0.146	0.034	0.001	0.005		1 230	17 616.40	27 480		
	多花黑麦草	0.105	0.105	0.023	0.020	0.001	0.001	0.001		1 180	1 291.50	980		
	青贮青饲高粱	0.025	0.025			0.020				1 080	295.00			
	青贮玉米	1.078	1.074							1 080	11 642.40	26 500		
	饲用块根块茎作物	0.675	0.674	0.163	0.126	0.033		0.004		650	4 387.50			

重庆草业2020

行政名称	牧草种类	人工种草保留面积/万亩 合计	其中:当年耕地种草面积	农闲田种草面积/万亩 合计	冬闲田(冬春闲田)种草面积	夏秋闲田种草面积	果园隙地种草面积	"四边"地种草面积	其他类型种草面积	人工种草单产/(kg/亩)	人工种草产量(折合干草)/t	鲜草实际青贮量/t	收贮面积/万亩	灌溉比例/%
长寿区	小 计	0.070								1 200	840.00	756		
	青贮玉米	0.070								1 200	840.00	756		
江津区	小 计	0.190	0.120	0.070			0.020	0.050			2 859.00			
	多花黑麦草	0.180	0.110	0.070			0.020	0.050		1 530	2 754.00			
	饲用块根块茎作物	0.010	0.010							1 050	105.00			
合川区	小 计	0.469	0.459	0.010			0.005	0.005			5 806.10	4 000	0.112	
	多花黑麦草	0.355	0.345	0.010			0.005	0.005		1 250	4 437.50			14
	青贮青饲高粱	0.002	0.002							1 230	24.60			10
	青贮玉米	0.112	0.112							1 200	1 344.00	4 000	0.112	8
永川区	小 计	0.002	0.002							1 350	27.00			
	墨西哥类玉米	0.002	0.002							1 350	27.00			
南川区	小 计	0.835	0.740	0.735	0.550		0.055	0.130			12 857.50	11 957		
	冬牧70黑麦草	0.085								1 450	1 232.50	605		

（续）

行政名称	牧草种类	人工种草保留面积/万亩 合计	其中:当年耕地种草面积	农闲田种草面积/万亩 合计	冬闲田(冬春闲田)种草面积	夏秋闲田种草面积	果园隙地种草面积	"四边"地种草面积	其他类型种草面积	人工种草单产/(kg/亩)	人工种草产量(折合干草)/t	鲜草实际青贮量/t	收贮面积/万亩	灌溉比例/%
南川区	多花黑麦草	0.750	0.740	0.735	0.550		0.055	0.130		1 550	11 625.00	11 352		
璧山区	小　计	0.004	0.004	0.004			0.001	0.003		1 400	56.00			
	多花黑麦草	0.004	0.004	0.004			0.001	0.003		1 400	56.00			
铜梁区	小　计	0.404	0.358	0.358	0.012	0.013		0.060	0.273		5 189.55			
	冬牧70黑麦草	0.004	0.004	0.004						1 480	59.20			
	多花黑麦草	0.397	0.355	0.355	0.012	0.010		0.060	0.273	1 280	5 081.60			
	墨西哥类玉米	0.003	0.003	0.003		0.003				1 625	48.75			
潼南区	小　计	1.990	1.990	0.946	0.250	0.620	0.030	0.046			19 104.00	7 920		1
	多花黑麦草	0.280	0.280	0.280	0.250		0.030			1 320	3 696.00	2 960		
	青贮玉米	0.450	0.450	0.320		0.300		0.020		960	4 320.00	2 268		2
	饲用块根块茎作物	1.260	1.260	0.346		0.320		0.026		880	11 088.00	2 692		1
荣昌区	小　计	0.290	0.280	0.050	0.040			0.010			3 430.00			90
	多花黑麦草	0.060	0.050	0.050	0.040			0.010		1 400	840.00			

（续）

行政名称	牧草种类	人工种草保留面积/万亩		农闲田种草面积/万亩						人工种草单产/(kg/亩)	人工种草产量(折合干草)/t	鲜草实际青贮量/t	收贮面积/万亩	灌溉比例/%
		合 计	其中:当年耕地种草面积	合 计	冬闲田(冬春闲田)种草面积	夏秋闲田种草面积	果园隙地种草面积	"四边"地种草面积	其他类型种草面积					
荣昌区	青贮青饲高粱	0.070	0.070	0.070	0.050	0.020				1 140	798.00			90
	青贮玉米	0.160	0.160	0.070	0.050	0.020				1 120	1 792.00			90
开州区	小 计	4.459	3.296								38 759.70		1.021	
	多花黑麦草	0.512	0.090							1 320	6 758.40	7 130	1.021	10
	墨西哥类玉米	0.011	0.011							1 410	155.10	1 550		30
	青贮青饲高粱	0.036	0.025							1 310	471.60	200		20
	青贮玉米	2.020	1.590							965	19 493.00	480		20
	饲用块根块茎作物	1.880	1.580							632	11 881.60	4 900		30
梁平区	小 计	0.052	0.022	0.020	0.001	0.015	0.003	0.001			648.26			
	多花黑麦草	0.036	0.017	0.017	0.001	0.013	0.002	0.001		1 317	474.12			
	青贮青饲高粱	0.007	0.005	0.003		0.002	0.001			1 202	84.14			
	苏丹草	0.009	0.000	0.000						1 000	90.00			
城口县	小 计	0.838	0.758	0.543	0.033	0.510					4 369.70	2 650		

（续）

行政名称	牧草种类	人工种草保留面积/万亩		农闲田种草面积/万亩							人工种草单产/(kg/亩)	人工种草产量(折合干草)/t	鲜草实际青贮量/t	收贮面积/万亩	灌溉比例/%
		合计	其中:当年耕地种草面积	合计	冬闲田(冬春闲田)种草面积	夏秋闲田种草面积	果园隙地种草面积	"四边"隙地种草面积	其他类型种草面积						
城口县	冬牧70黑麦草	0.004	0.004	0.003	0.003					1 260	50.40			
	墨西哥类玉米	0.100	0.100	0						1 340	1 340.00	2 000		
	青贮青饲高粱	0.024	0.024	0						1 320	316.80	250		
	饲用块根块茎作物	0.710	0.630	0.540	0.030	0.510				375	2 662.50	400		
丰都县	小　计	1.455	1.455	1.048	0.245	0.803					17 106.50	24 600		
	多花黑麦草	0.245	0.245	0.245	0.245					1 200	2 940.00			
	青贮青饲高粱	0.425	0.425	0.320		0.320				1 320	5 610.00	8 100		
	青贮玉米	0.785	0.785	0.483		0.483				1 090	8 556.50	16 500		
垫江县	小　计	0.916	0.270								7 893.56	6 573		
	多花黑麦草	0.035								1 000	350.00			
	其他一年生牧草	0.001								1 156	11.56			
	青贮青饲高粱	0.040	0.040							1 100	440.00	733		
	青贮玉米	0.230	0.230							1 280	2 944.00	5 840		

（续）

行政名称	牧草种类	人工种草保留面积/万亩 合计	其中：当年耕地种草面积	农闲田种草面积/万亩 合计	冬闲田(冬春闲田)种草面积	夏秋闲田种草面积	果园隙地种草面积	"四边"地种草面积	其他类型种草面积	人工种草单产/(kg/亩)	人工种草产量(折合干草)/t	鲜草实际青贮量/t	收贮面积/万亩	灌溉比例/%
垫江县	饲用块根块茎作物	0.610								680	4 118.00			
武隆区	小 计	1.040	1.040	1.040	0.419	0.539	0.015	0.067			12 280.00	20 423		
	多花黑麦草	0.810	0.810	0.810	0.410	0.400				1 200	9 720.00	5 123		30
	青贮青饲高粱	0.150	0.150	0.150		0.080	0.008	0.062		1 200	1 800.00	7 500		10
	青贮玉米	0.060	0.060	0.060	0.009	0.050	0.005	0.005		1 000	600.00	7 200		20
	饲用块根块茎作物	0.020	0.020	0.020	0.009	0.009	0.002	0.005		800	160.00	600		10
忠 县	小 计	0.185	0.073	0.025	0.023			0.002		1 208	1 444.10			100
	多花黑麦草	0.051	0.051	0.025	0.023			0.002		1 308	616.08			100
	青贮青饲高粱	0.004								1 195	52.32			100
	青贮玉米	0.022	0.022								262.90			100
	饲用块根块茎作物	0.106								460	487.60			100
	苏丹草	0.002								1 260	25.20			
云阳县	小 计	3.350	3.350	2.610	0.950	1.660					30 880.00			
	多花黑麦草	1.450	1.450	0.950	0.950					1 200	17 400.00	5 500		

（续）

行政名称	牧草种类	人工种草保留面积/万亩		农闲田种草面积/万亩						人工种草单产/(kg/亩)	人工种草产量（折合干草）/t	鲜草实际青贮量/t	收贮面积/万亩	灌溉比例/%
		合计	其中：当年耕地种草面积	合计	冬闲田（冬春闲田）种草面积	夏秋闲田种草面积	吴园隙地种草面积	"四边"地种草面积	其他类型种草面积					
云阳县	墨西哥类玉米	0.280	0.280	0.250		0.250				1200	3 360.00			
	青贮青饲高粱	0.480	0.480	0.410		0.410				1100	5 280.00	5 500		
	饲用块根块茎作物	1.100	1.100	1.000		1.000				400	4 400.00			
	苏丹草	0.040	0.040	0.000						1100	440.00			
奉节县	小　计	2.705	2.665	2.170	1.298	0.527	0.210	0.125	0.010		20 897.40	1 510		
	冬牧70黑麦草	0.118	0.118	0.118	0.118					1120	1 321.60			
	多花黑麦草	0.180	0.140	0.140		0.125		0.015		1260	2 268.00	670		
	青贮玉米	0.232	0.232	0.232		0.232				1165	2 702.80	840		
	饲用块根块茎作物	2.000	2.000	1.550	1.180	0.080	0.210	0.070	0.010	620	12 400.00			
	苏丹草	0.175	0.175	0.130		0.090		0.040		1260	2 205.00			
巫山县	小　计	0.459	0.459	0.006	0.003			0.002	0.001	1740	3 740.40	1 250		
	多花黑麦草	0.006	0.006	0.006	0.003			0.002	0.001	1740	104.40			
	青贮玉米	0.003	0.003	0.000						1200	36.00	1 250		
	饲用块根块茎作物	0.450	0.450	0.000						800	3 600.00			

（续）

行政名称	牧草种类	人工种草保留面积/万亩 合计	其中:当年耕地种草面积	农闲田种草面积/万亩 合计	冬闲田(冬春闲田)种草面积	夏秋闲田种草面积	果园隙地种草面积	"四边"地种草面积	其他类型种草面积	人工种草单产/(kg/亩)	人工种草产量(折合干草)/t	鲜草实际青贮量/t	收贮面积/万亩	灌溉比例/%
巫溪县	小计	1.038	1.038	1.038	0.250		0.071	0.128	0.589		8 992.80			
	多花黑麦草	0.289	0.289	0.289	0.220			0.050	0.019	810	2 340.90			
	苦荬菜	0.001	0.001	0.001				0.001		790	7.90			
	墨西哥类玉米	0.040	0.040	0.040					0.040	1 300	520.00			
	青贮青饲高粱	0.230	0.230	0.230					0.230	1 000	2 300.00			
	青贮玉米	0.300	0.300	0.300					0.300	800	2 400.00			
	饲用块根块茎作物	0.178	0.178	0.178	0.030		0.071	0.077		800	1 424.00			
石柱县	小计	0.240									2 440.00			
	其他一年生牧草	0.100								1 000	1 000.00			
	青贮青饲高粱	0.100								1 000	1 000.00			
	青贮玉米	0.040								1 100	440.00			
秀山县	小计	0.655									6 347.40			
	多花黑麦草	0.125								1 350	1 687.50			
	墨西哥类玉米	0.010								1 550	155.00			

（续）

行政名称	牧草种类	人工种草保留面积/万亩 合计	其中:当年耕地种草面积	农闲田种草面积/万亩 合计	冬闲日(冬春闲田)种草面积	夏秋闲田种草面积	果园隙地种草面积	"四边"地种草面积	其他类型种草面积	人工种草单产/(kg/亩)	人工种草产量(折合干草)/t	鲜草实际青贮量/t	收贮面积/万亩	灌溉比例/%
秀山县	青贮青饲高粱	0.039								1 320	514.80			
	青贮玉米	0.034								1 120	380.80			
	饲用块根块茎作物	0.444								810	3 596.40	9 900		
	燕麦草	0.003								430	12.90			
酉阳县	小　计	0.845	0.845	0.136	0.020	0.057	0.033	0.026			6 470.00			
	多花黑麦草	0.041	0.041	0.021	0.015		0.03	0.003		1 500	615.00			
	墨西哥类玉米	0.012	0.012	0.001				0.001		1 550	186.00	900		
	青贮青饲高粱	0.085	0.085	0.009		0.007		0.002		1 500	1 275.00	2 000		
	青贮玉米	0.172	0.172							1 150	1 978.00	7 000		
	饲用块根块茎作物(非绿肥)	0.530	0.530	0.100		0.050	0.030	0.020		450	2 385.00			
	紫云英	0.005	0.005	0.005	0.005					620	31.00			
彭水县	小　计	1.040								3 300	12 300.00			
	多花黑麦草	0.900								1 200	10 800.00			
	青贮青饲高粱	0.100								1 100	1 100.00			
	青贮玉米	0.040								1 000	400.00			

多花黑麦草生产情况见表3-9。

表3-9 多花黑麦草

| 行政名称 | 牧草种类 | 人工种草保留面积/万亩 | | 农闲田种草 | | | |
		合 计	其中：当年耕地种草面积	合 计	冬闲田（冬春闲田）种草面积	夏秋闲田种草面积	果园隙地种草面积
重庆市	合 计	7.987	5.919	4.517	2.991	0.579	0.137
万州区	多花黑麦草	0.672	0.437	0.238	0.068		0.015
涪陵区	多花黑麦草	0.140	0.100				
綦江区	多花黑麦草	0.064	0.054	0.054	0.054		
大足区	多花黑麦草	0.300	0.200	0.125	0.080	0.010	0.005
黔江区	多花黑麦草	0.105	0.105	0.023	0.020	0.001	0.001
江津区	多花黑麦草	0.180	0.110	0.070			0.020
合川区	多花黑麦草	0.355	0.345	0.010			0.005
南川区	多花黑麦草	0.750	0.740	0.735	0.550		0.055
璧山区	多花黑麦草	0.004	0.004	0.004			0.001
铜梁区	多花黑麦草	0.397	0.355	0.355	0.012	0.010	
潼南区	多花黑麦草	0.280	0.280	0.280	0.250		0.030
荣昌区	多花黑麦草	0.060	0.050	0.050	0.040		
开州区	多花黑麦草	0.512	0.090	0.070	0.050	0.020	
梁平区	多花黑麦草	0.036	0.017	0.017	0.001	0.013	0.002
丰都县	多花黑麦草	0.245	0.245	0.245	0.245		
垫江县	多花黑麦草	0.035					
武隆区	多花黑麦草	0.810	0.810	0.810	0.410	0.400	
忠 县	多花黑麦草	0.051	0.051	0.025	0.023		
云阳县	多花黑麦草	1.450	1.450	0.950	0.950		
奉节县	多花黑麦草	0.180	0.140	0.140		0.125	
巫山县	多花黑麦草	0.006	0.006	0.006	0.003		
巫溪县	多花黑麦草	0.289	0.289	0.289	0.220		
秀山县	多花黑麦草	0.125					
酉阳县	多花黑麦草	0.041	0.041	0.021	0.015		0.003
彭水县	多花黑麦草	0.900					

生产情况

面积/万亩		人工种草单产/（kg/亩）	人工种草产量（折合干草）/t	鲜草实际青贮量/t	收贮面积/万亩	灌溉比例/%
"四边"地种草面积	其他类型种草面积					
0.507	0.303	1 241	99 084.72	21 656		
0.155		851	5 718.72			
		1 900	2 660.00			
		1 250	800.00			
0.020	0.010	1 350	4 050.00	1		1
0.001		1 230	1 291.50			
0.050		1 530	2 754.00			
0.005		1 250	4 437.50			14
0.130		1 550	11 625.00	11 352		
0.003		1 400	56.00			
0.060	0.273	1 280	5 081.60			
		1 320	3 696.00	2 960		1
0.010		1 400	840.00			90
		1 320	6 758.40	1 550		10
0.001		1 317	474.12			
		1 200	2 940.00			
		1 000	350.00			
		1 200	9 720.00	5 123		30
0.002		1 208	616.08			100
		1 200	17 400.00			
0.015		1 260	2 268.00	670		
0.002	0.001	1 740	104.40			
0.050	0.019	810	2 340.90			
		1 350	1 687.50			
0.003		1 500	615.00			
		1 200	10 800.00			

青贮玉米生产情况见表 3-10。

表 3-10 青贮玉米

行政名称	牧草种类	人工种草保留面积/万亩		农闲田种草			
		合 计	其中：当年耕地种草面积	合 计	冬闲田（冬春闲田）种草面积	夏秋闲田种草面积	果园隙地种草面积
重庆市	合 计	5.879	5.261	1.416		1.086	0.005
涪陵区	青贮玉米	0.050	0.050				
綦江区	青贮玉米	0.021	0.021	0.021		0.021	
黔江区	青贮玉米	1.078	1.074				
长寿区	青贮玉米	0.070					
合川区	青贮玉米	0.112	0.112				
潼南区	青贮玉米	0.450	0.450	0.320		0.300	
荣昌区	青贮玉米	0.160	0.160				
开州区	青贮玉米	2.020	1.590				
丰都县	青贮玉米	0.785	0.785	0.483		0.483	
垫江县	青贮玉米	0.230	0.230				
武隆区	青贮玉米	0.060	0.060	0.060		0.050	0.005
忠 县	青贮玉米	0.022	0.022				
奉节县	青贮玉米	0.232	0.232	0.232		0.232	
巫山县	青贮玉米	0.003	0.003				
巫溪县	青贮玉米	0.300	0.300	0.300			
石柱县	青贮玉米	0.040					
秀山县	青贮玉米	0.034					
酉阳县	青贮玉米	0.172	0.172				
彭水县	青贮玉米	0.040					

生产情况

面积/万亩		人工种草单产/（kg/亩）	人工种草产量（折合干草）/t	鲜草实际青贮量/t	收贮面积/万亩	灌溉比例/%
"四边"地种草面积	其他类型种草面积					
0.025	0.300	1 032	60 656.70	77 054		
		1 500	750.00			
		830	174.30			
		1 080	11 642.40	26 500		
		1 200	840.00	756		
		1 200	1 344.00	4 000	0.112	8
0.020		960	4 320.00	2 268		2
		1 120	1 792.00			90
		965	19 493.00	4 900	1.021	20
		1 090	8 556.50	16 500		
		1 280	2 944.00	5 840		
0.005		1 000	600.00	7 200		20
		1 195	262.90			100
		1 165	2 702.80	840		
		1 200	36.00	1 250		
	0.300	800	2 400.00			
		1 100	440.00			
		1 120	380.80			
		1 150	1 978.00	7 000		
		1 000	400.00			

青贮青饲高粱生产情况见表3-11。

表3-11　青贮青饲高粱

行政名称	牧草种类	人工种草保留面积/万亩		农闲田种草			
		合 计	其中：当年耕地种草面积	合 计	冬闲田（冬春闲田）种草面积	夏秋闲田种草面积	果园隙地种草面积
重庆市	合 计	1.877	1.618	1.151		0.846	0.009
涪陵区	青贮青饲高粱	0.015	0.015				
綦江区	青贮青饲高粱	0.007	0.007	0.007		0.007	
大足区	青贮青饲高粱	0.038	0.035	0.022		0.020	
黔江区	青贮青饲高粱	0.025	0.025				
合川区	青贮青饲高粱	0.002	0.002				
荣昌区	青贮青饲高粱	0.070	0.070				
开州区	青贮青饲高粱	0.036	0.025				
梁平区	青贮青饲高粱	0.007	0.005	0.003		0.002	0.001
城口县	青贮青饲高粱	0.024	0.024				
丰都县	青贮青饲高粱	0.425	0.425	0.320		0.320	
垫江县	青贮青饲高粱	0.040	0.040				
武隆区	青贮青饲高粱	0.150	0.150	0.150		0.080	0.008
忠　县	青贮青饲高粱	0.004					
云阳县	青贮青饲高粱	0.480	0.480	0.410		0.410	
巫溪县	青贮青饲高粱	0.230	0.230	0.230			
石柱县	青贮青饲高粱	0.100					
秀山县	青贮青饲高粱	0.039					
酉阳县	青贮青饲高粱	0.085	0.085	0.009		0.007	
彭水县	青贮青饲高粱	0.100					

第三章 草业生产统计

生产情况

面积/万亩		人工种草单产/（kg/亩）	人工种草产量（折合干草）/t	鲜草实际青贮量/t	收贮面积/万亩	灌溉比例/%
"四边"地种草面积	其他类型种草面积					
0.065	0.231	1 117	20 964.20	25 545		
		1 550	232.50			
		800	56.00			
0.001	0.001	1 088	413.44	2		
		1 180	295.00	980		
		1 230	24.60			10
		1 140	798.00			90
		1 310	471.60	480		20
		1 202	84.14			
		1 320	316.80	250		
		1 320	5 610.00	8 100		
		1 100	440.00	733		
0.062		1 200	1 800.00	7 500		10
		1 308	52.32			100
		1 100	5 280.00	5 500		
	0.230	1 000	2 300.00			
		1 000	1 000.00			
		1 320	514.80			
0.002		1 500	1 275.00	2 000		
		1 100	1 100.00			

墨西哥类玉米生产情况见表 3-12。

表 3-12　墨西哥类玉米

行政名称	牧草种类	人工种草保留面积/万亩		农闲田种草			
		合　计	其中：当年耕地种草面积	合　计	冬闲田（冬春闲田）种草面积	夏秋闲田种草面积	果园隙地种草面积
重庆市	合　计	0.464	0.449	0.297		0.253	0
万州区	墨西哥类玉米	0.006	0.003	0.003			
永川区	墨西哥类玉米	0.002		0.000			
铜梁区	墨西哥类玉米	0.003	0.003	0.003		0.003	
开州区	墨西哥类玉米	0.011	0.011	0.000			
城口县	墨西哥类玉米	0.100	0.100	0.000			
云阳县	墨西哥类玉米	0.280	0.280	0.250		0.250	
巫溪县	墨西哥类玉米	0.040	0.040	0.040			
秀山县	墨西哥类玉米	0.010		0.000			
酉阳县	墨西哥类玉米	0.012	0.012	0.001			

生产情况

面积/万亩		人工种草单产/（kg/亩）	人工种草产量（折合干草）/t	鲜草实际青贮量/t	收贮面积/万亩	灌溉比例/%
"四边"地种草面积	其他类型种草面积					
0.004	0.040	1 260	5 845.61	3 128		
0.003		896	53.76	28		
		1 350	27.00			
		1 625	48.75			
		1 410	155.10	200		30
		1 340	1 340.00	2 000		
		1 200	3 360.00			
	0.040	1 300	520.00			
		1 550	155.00			
0.001		1 550	186.00	900		

重庆草业2020

饲用块根块茎作物生产情况见表3-13。

表3-13 饲用块根块茎作物

行政名称	牧草种类	人工种草保留面积/万亩		农闲田种草			
		合计	其中：当年耕地种草面积	合计	冬闲田（冬春闲田）种草面积	夏秋闲田种草面积	果园隙地种草面积
重庆市	合计	0.101	0	0		0	0
垫江县	其他一年生牧草	0.001		0			
石柱县	其他一年生牧草	0.100		0			

生产情况

面积/万亩		人工种草 单产/（kg/亩）	人工种草产量 （折合干草）/t	鲜草实际 青贮量/t	收贮面积/ 万亩	灌溉比例/ %
"四边"地 种草面积	其他类型 种草面积					
0	0	1 002	1 011.56	0		
		1 156	11.56			
		1 000	1 000.00			

四、商品草生产情况

商品草生产情况见表 3 - 14。

表 3 - 14　商品草

行政名称	牧草种类	牧草类别	生产面积/万亩	单位面积产量/（kg/亩）
重庆市			0.427	2 601
梁平区	多花黑麦草	一年生	0.033	1 318
梁平区	狼尾草	多年生	0.174	2 619
丰都县	狼尾草	多年生	0.220	2 780

五、草产品加工企业生产情况

草产品加工企业生产情况见表 3 - 15。

表 3 - 15　草产品加工企业

行政名称	企业名称	牧草种类	牧草类别	干草实际生产量/t
梁平区	重庆山仁芸草农业科技开发有限公司	多花黑麦草	一年生	
梁平区	重庆市小白水农业开发有限公司	狼尾草	多年生	
丰都县	丰都县大地牧歌农业发展有限公司	狼尾草	多年生	

生产情况

干草总产量 （折合干草）/t	商品干草 总产量/t	商品干草 销售量/t	鲜草实际 青贮量/t	青贮 销售量/t	灌溉 比例/%
11 108.00			26 158	22 165	
434.94			2 109	1 759	
4 557.06			12 000	8 357	
6 116.00			12 049	12 049	

生产情况

草捆 产量/t	草块 产量/t	草颗粒 产量/t	草粉 产量/t	其他 产量/t	青贮产品 生产量/t	草种 生产量/t
					2 108	
					6 173	
					12 049	

六、农闲田可利用面积情况

农闲田可利用面积情况见表3-16。

表3-16 农闲田可利用

行政名称	农闲田可种草面积/万亩					
	合　计	冬闲田（冬春闲田）可种草面积	夏秋闲田可种草面积	果园隙地可种草面积	"四边"地可种草面积	其他类型可种草面积
重庆市	504.440	274.531	97.861	70.449	35.983	25.612
万州区	33.100	5.310	5.340	13.950	5.920	2.580
涪陵区	1.095	0.115	0.121	0.385	0.050	0.424
綦江区	36.200	29.500	3.200	2.000	1.500	
大足区	39.200	30.000	8.000	0.500	0.400	0.300
黔江区	25.500	10.500	7.000	5.000	2.500	0.500
江津区	3.330	0.650	0.560	0.880	0.780	0.460
合川区	1.700			0.850	0.450	0.400
永川区	34.070	24.500	9.000	0.150	0.300	0.120
南川区	3.100	1.000	1.000	0.100	0.500	0.500
璧山区	20.270	14.800	4.900	0.200	0.280	0.090
铜梁区	0.358	0.012	0.013		0.060	0.273
潼南区	2.200	0.500	0.800	0.200	0.200	0.500
荣昌区	74.250	62.800	8.800	1.750	0.600	0.300
开州区	0.700	0.500	0.100	0.100		
梁平区	0.027	0.002	0.016	0.004	0.001	0.004
城口县	2.920	0.110	1.260	0.760	0.790	
丰都县	58.230	19.790	10.750	16.890	7.800	3.000
武隆区	1.460	0.650	0.600	0.100	0.100	0.010
忠　县	72.861	36.340	23.480	8.000	3.000	2.041
云阳县	15.620	4.820	4.000	4.500	2.300	
奉节县	21.400	8.900	3.400	5.400	2.400	1.300
巫山县	12.355	7.432	0.821	1.990	0.612	1.500
巫溪县	5.840	0.300	0.100	0.220	0.220	5.000
石柱县	32.700	11.000	4.100	6.200	5.100	6.300
秀山县	0.020			0.010		0.010
酉阳县	5.930	5.000	0.500	0.310	0.120	

面积情况

	农闲田已种草面积/万亩				
合　计	冬闲田（冬春闲田）已种草面积	夏秋闲田已种草面积	果园隙地已种草面积	"四边"地已种草面积	其他类型已种草面积
13.378	4.492	5.083	0.567	1.971	1.265
1.286	0.068	0.200	0.036	0.959	0.023
0.109	0.054	0.055			
0.147	0.080	0.030	0.005	0.021	0.011
0.186	0.146	0.034	0.001	0.005	
0.070			0.020	0.050	
0.025			0.010	0.010	0.005
1.208	0.550		0.055	0.368	0.235
0.004			0.001	0.003	
0.358	0.012	0.013		0.060	0.273
1.006	0.250	0.620	0.030	0.106	
0.052	0.040			0.011	0.001
0.090	0.050	0.020	0.020		
0.024	0.001	0.015	0.004	0.001	0.003
0.543	0.033	0.510			
1.048	0.245	0.803			
1.057	0.419	0.539	0.020	0.075	0.004
0.065	0.023		0.001	0.002	0.039
2.610	0.950	1.660			
2.192	1.298	0.527	0.227	0.129	0.011
0.010	0.003		0.004	0.002	0.001
1.150	0.250		0.099	0.143	0.658
0.002			0.001		0.001
0.136	0.020	0.057	0.033	0.026	

七、农闲田种草情况

农闲田种草情况见表3-17。

表3-17 农闲田种草情况

行政名称	牧草种类	牧草类别	合计	农闲田已种草面积/万亩				
				冬闲田(冬春闲田)已种草面积	夏秋闲田已种草面积	果园隙地已种草面积	"四边"地已种草面积	其他类型已种草面积
重庆市	合 计		13.378	4.492	5.083	0.567	1.971	1.265
	小 计	多年生	1.286	0.068	0.200	0.036	0.959	0.023
	白三叶	多年生	0.033			0.021	0.012	
	串叶松香草	多年生	0.030				0.030	
	菊苣	多年生	0.017				0.017	
	狼尾草	多年生	0.040				0.025	0.015
	紫花苜蓿	多年生	0.018				0.010	0.008
万州区	饲用块根块茎作物	饲用作物	0.900		0.200	0.015	0.700	
	多花黑麦草	一年生	0.238	0.068			0.155	
	墨西哥类玉米	一年生	0.003				0.003	
	苏丹草	一年生	0.007				0.007	

（续）

行政名称	牧草种类	牧草类别	合计	冬闲田（冬春闲田）已种草面积	农闲田已种草面积/万亩 夏秋闲田已种草面积	果园隙地已种草面积	"四边"地已种草面积	其他类型已种草面积
綦江区	小　计		0.109	0.054	0.055			
	饲用块根块茎作物	饲用作物	0.027		0.027			
	多花黑麦草	一年生	0.054	0.054				
	青贮青饲高粱	一年生	0.007		0.007			
	青贮玉米	一年生	0.021		0.021			
大足区	小　计		0.147	0.080	0.030	0.005	0.021	0.011
	多花黑麦草	一年生	0.125	0.080	0.010	0.005	0.020	0.010
	青贮青饲高粱	一年生	0.022	0.020	0.020	0.001	0.001	0.001
黔江区	小　计		0.186	0.146	0.034	0.001	0.005	
	饲用块根块茎作物	饲用作物	0.163	0.126	0.033		0.004	
	多花黑麦草	一年生	0.023	0.020	0.001	0.001	0.001	
江津区	小　计		0.070			0.020	0.050	
	多花黑麦草	一年生	0.070			0.020	0.050	
合川区	小　计		0.025			0.010	0.010	0.005
	多年生黑麦草	多年生	0.003			0.001	0.002	

（续）

行政名称	牧草种类	牧草类别	农田已种草面积/万亩					
			合 计	冬闲田（冬春闲田）已种草面积	夏秋闲田已种草面积	果园隙地已种草面积	"四边"地已种草面积	其他类型已种草面积
合川区	狼尾草	多年生	0.012			0.004	0.003	0.005
	多花黑麦草	一年生	0.010			0.005	0.005	
南川区	小 计		1.208	0.550		0.055	0.368	0.235
	白三叶	多年生	0.410				0.220	0.190
	多年生黑麦草	多年生	0.063				0.018	0.045
	多花黑麦草	一年生	0.735	0.550		0.055	0.130	
璧山区	小 计	一年生	0.004			0.001	0.003	
	多花黑麦草	一年生	0.004			0.001	0.003	
铜梁区	小 计		0.358	0.012	0.013		0.060	0.273
	多花黑麦草	一年生	0.355	0.012	0.010		0.060	0.273
	墨西哥类玉米	一年生	0.003		0.003			
潼南区	小 计		1.006	0.250	0.620	0.030	0.106	
	狼尾草	多年生	0.060				0.060	
	饲用块根块茎作物	饲用作物	0.346		0.320		0.026	
	多花黑麦草	一年生	0.280	0.250		0.030		

（续）

行政名称	牧草种类	牧草类别	合计	农闲田已种草面积/万亩				其他类型已种草面积
				冬闲田（冬春闲田）已种草面积	夏秋闲田已种草面积	果园隙地已种草面积	"四边"地已种草面积	
潼南区	青贮玉米	一年生	0.320		0.300		0.020	
荣昌区	小　计		0.052	0.040			0.011	0.001
	狼尾草	多年生	0.002				0.001	
	多花黑麦草	一年生	0.050	0.040			0.010	0.001
开州区	小　计		0.090	0.050	0.020	0.020		
	多年生黑麦草	多年生	0.020		0.020	0.020		
	多花黑麦草	一年生	0.070	0.050	0.020			
梁平区	小　计		0.024	0.001	0.015	0.004	0.001	0.003
	菊苣	多年生	0.004		0.013	0.001		
	多花黑麦草	一年生	0.017	0.001	0.002	0.002	0.001	0.003
	青贮青饲高粱	一年生	0.003			0.001		
城口县	小　计		0.543	0.035	0.510			
	饲用块根块茎作物	饲用作物	0.540	0.030	0.510			
	冬牧70黑麦草	一年生	0.003	0.003				
丰都县	小　计		1.048	0.245	0.803			

（续）

行政名称	牧草种类	牧草类别	农闲田已种草面积/万亩					
			合计	冬闲田（冬春闲田）已种草面积	夏秋闲田已种草面积	果园隙地已种草面积	"四边"地已种草面积	其他类型已种草面积
丰都县	多花黑麦草	一年生	0.245	0.245				
	青贮青饲高粱	一年生	0.320		0.320			
	青贮玉米	一年生	0.483		0.483			
武隆区	小　计		1.057	0.419	0.539	0.020	0.075	0.004
	白三叶	多年生	0.002			0.001	0.001	
	多年生黑麦草	多年生	0.010			0.002	0.005	0.003
	狼尾草	多年生	0.005			0.002	0.002	0.001
	饲用块根块茎作物	饲用作物	0.020	0.009	0.009	0.002		
	多花黑麦草	一年生	0.810	0.410	0.400			
	青贮青饲高粱	一年生	0.150		0.080	0.008	0.062	
	青贮玉米	一年生	0.060		0.050	0.005	0.005	
忠　县	小　计		0.065	0.023		0.001	0.002	0.039
	白三叶	多年生	0.001			0.001		
	多年生黑麦草	多年生	0.001					0.001
	狼尾草	多年生	0.038					0.038

（续）

行政名称	牧草种类	牧草类别	合计	农闲田已种草面积/万亩				
				冬闲田（冬春闲田）已种草面积	夏秋闲田已种草面积	果园隙地已种草面积	"四边"地已种草面积	其他类型已种草面积
忠　县	多花黑麦草	一年生	0.025	0.023			0.002	
云阳县	小　计		2.610	0.950	1.660			
	饲用块根块茎作物	饲用作物	1.000		1.000			
	多花黑麦草	一年生	0.950	0.950				
	墨西哥类玉米	一年生	0.250		0.250			
	青贮青饲高粱	一年生	0.410		0.410			
奉节县	小　计		2.192	1.298	0.527	0.227	0.129	0.011
	白三叶	多年生	0.005			0.004	0.001	
	多年生黑麦草	多年生	0.004			0.003	0.001	
	红三叶	多年生	0.002			0.002		
	菊苣	多年生	0.005			0.005		
	聚合草	多年生	0.001			0.001		
	狼尾草	多年生	0.003			0.002	0.001	
	紫花苜蓿	多年生	0.002				0.001	0.001
	饲用块根块茎作物	饲用作物	1.550	1.180	0.080	0.210	0.070	0.010

（续）

行政名称	牧草种类	牧草类别	合计	农闲田已种草面积/万亩					
				冬闲田（冬春闲田）已种草面积	夏秋闲田已种草面积	果园隙地已种草面积	"四边"地已种草面积	其他类型已种草面积
奉节县	冬牧70黑麦草	一年生	0.118	0.118				
	多花黑麦草	一年生	0.140		0.125		0.015	
	青贮玉米	一年生	0.232		0.232			
	苏丹草	一年生	0.130		0.090		0.040	
巫山县	小　计		0.010	0.003		0.004	0.002	0.001
	白三叶	多年生	0.002			0.002		
	紫花苜蓿	多年生	0.002			0.002		
	多年生黑麦草	一年生	0.006	0.003			0.002	0.001
巫溪县	小　计		1.150	0.250		0.099	0.143	0.658
	白三叶	多年生	0.010			0.005	0.005	
	多年生黑麦草	多年生	0.011			0.010		0.001
	红三叶	多年生	0.020			0.010	0.005	0.005
	木本蛋白饲料	多年生	0.010					0.010
	其他多年生牧草	多年生	0.010				0.005	0.005
	紫花苜蓿	多年生	0.051			0.003		0.048

（续）

行政名称	牧草种类	牧草类别	合计	农闲田已种草面积/万亩				
				冬闲田（冬春闲田）已种草面积	夏秋闲田已种草面积	果园隙地已种草面积	"四边"地已种草面积	其他类型已种草面积
巫溪县	饲用块根块茎作物	饲用作物	0.178	0.030		0.071	0.077	
	多花黑麦草	一年生	0.289	0.220			0.050	0.019
	苣荬菜	一年生	0.001				0.001	
	墨西哥类玉米	一年生	0.040					0.040
	青贮青饲高粱	一年生	0.230					0.230
	青贮玉米	一年生	0.300					0.300
秀山县	小　计	多年生	0.002			0.001		0.001
	狼尾草	多年生	0.002			0.001		0.001
酉阳县	小　计	饲用作物	0.136	0.020	0.057	0.033	0.026	
	饲用块根块茎作物	一年生	0.100	0.015	0.050	0.030	0.020	
	多花黑麦草	一年生	0.021			0.003	0.003	
	墨西哥类玉米	一年生	0.001				0.001	
	青贮青饲高粱	一年生	0.009		0.007		0.002	
	紫云英（非绿肥）	一年生	0.005	0.005				

八、农副资源饲用情况

农副资源饲用情况见表 3-18。

表 3-18　农副资源饲用情况

行政名称	农副产品种类	生产量/t	饲用量/t	加工饲用量/t	备注
重庆市	合　计	4 286 236	734 151	85 711	
万州区	小　计	504 100	209 700	62 950	
	玉米秸	268 900	145 600	62 950	
	稻　秸	235 200	64 100		
涪陵区	小　计	1 250 000	23 000		
	玉米秸	670 000	4 300		
	稻　秸	580 000	3 500		
	酒　糟		12 000		
	豆　渣		3 200		
大足区	小　计	68 275	4 554	20	
	红薯秧		2 430		
	玉米秸	65 975	1 979	15	
	稻　秸	2 300	115	5	
	其他农副资源		30		
江津区	小　计	509 350	34 200	30	
	红薯秧		6 300		
	花生秧		1 400		
	玉米秸	139 550	4 200	30	
	稻　秸	369 800	2 500		
	酒　糟		17 200		
	甘蔗梢		2 600		
合川区	小　计	457 100	8 710	301	

（续）

行政名称	农副产品种类	生产量/t	饲用量/t	加工饲用量/t	备注
合川区	红薯秧		795		
	玉米秸	144 600	1 631	129	
	稻 秸	312 500	6 284	172	
永川区	小 计	323 325	30 240	120	
	麦 秸	3 360	400		
	红薯秧		1 650		
	玉米秸	81 230	310	120	
	稻 秸	238 735	160		
	饼 粕		25 780		
	酒 糟		1 940		
潼南区	小 计	12 680	1 640		
	玉米秸	12 680	780		
	酒 糟		860		
开州区	小 计	150 000	8 590	1 290	
	玉米秸	150 000	1 790	1 290	
	酒 糟		6 800		
城口县	小 计	42 105	11 367		
	红薯秧		11 200		
	玉米秸	42 000	150		
	其他秸秆	105	17		
丰都县	小 计	217 438	258 960		
	玉米秸	110 157	48 950		
	稻 秸	107 281	1 100		
	酒 糟		208 910		
垫江县	小 计	99 780	36 862		
	红薯秧		11 320		

（续）

行政名称	农副产品种类	生产量/t	饲用量/t	加工饲用量/t	备注
垫江县	稻秸	99 780	7 000		
	豆渣		1 712		
	其他农副资源		16 830		
奉节县	小计	198 000	71 800	11 300	
	红薯秧		12 000		
	玉米秸	170 000	51 000	8 500	
	稻秸	28 000	8 400	2 800	
	酒糟		400		
巫溪县	小计	4 165	3 900	3 900	
	玉米秸	4 165	3 900	3 900	
石柱县	小计	51 455	5 400	900	
	玉米秸	51 455	5 400	900	
酉阳县	小计	398 463	25 228	4 900	
	玉米秸	246 110	9 380	2 900	
	稻秸	127 553	15 298	2 000	
	其他秸秆	24 800	550		

第四章

重庆市草业相关地方标准制定统计

重庆市草业相关地方标准制定情况见表 4-1。

表 4-1 重庆市草业相关地方标准制定情况

序号	标准名称	标准编号	代替标准号	发布日期	实施日期
1	优质肉山羊生产技术规程	DB50/T 268—2008	/	2008 年 3 月 1 日	2008 年 5 月 1 日
2	渝东黑山羊	DB50/T 352—2019	DB50/T 352—2010	2019 年 5 月 30 日	2019 年 9 月 1 日
3	合川白山羊	DB50/T 365—2010	/	2010 年 8 月 30 日	2010 年 11 月 1 日
4	大足黑山羊疫病防治技术规范	DB50/T 384—2011	/	2011 年 1 月 30 日	2011 年 5 月 1 日
5	大足黑山羊	DB50/T 385—2011	/	2011 年 1 月 30 日	2011 年 5 月 1 日
6	大足黑山羊种公羊饲养管理技术规范	DB50/T 386—2011	/	2011 年 1 月 30 日	2011 年 5 月 1 日
7	奶牛标准化规模养殖场建设规范	DB50/T 389—2019	DB50/T 389—2011	2019 年 5 月 30 日	2019 年 9 月 1 日

（续）

序号	标准名称	标准编号	代替标准号	发布日期	实施日期
8	扁穗牛鞭草种植技术规范	DB50/T 397—2011	/	2011年8月1日	2011年9月1日
9	皇竹草种植技术规范	DB50/T 398—2011	/	2011年8月1日	2011年9月1日
10	甜高粱种植技术规范	DB50/T 399—2011	/	2011年8月1日	2011年9月1日
11	白三叶种植技术规范	DB50/T 409—2011	/	2012年1月1日	2012年1月1日
12	菊苣种植技术规范	DB50/T 410—2011	/	2012年1月1日	2012年1月1日
13	西州乌羊	DB50/T 412—2011	/	2012年1月1日	2012年3月1日
14	山羊肥羔生产技术规范	DB50/T 419—2011	/	2012年3月1日	2012年4月1日
15	肉牛标准化规模养殖场建设规范	DB50/T 421—2011	/	2012年3月1日	2012年5月1日
16	红三叶栽培技术规范	DB50/T 422—2011	/	2012年1月18日	2012年5月1日
17	多花黑麦草种植技术规范	DB50/T 476—2012	/	2012年12月30日	2013年3月1日
18	鸭茅种植技术规程	DB50/T 477—2012	/	2012年12月30日	2013年3月1日
19	鸭茅种子生产技术规范	DB50/T 478—2012	/	2012年12月30日	2013年3月1日
20	玉米全株青贮技术规范	DB50/T 483—2012	/	2013年2月1日	2013年3月1日
21	渝东黑山羊公羊饲养管理技术规范	DB50/T 484—2012	/	2012年12月30日	2013年5月1日

（续）

序号	标准名称	标准编号	代替标准号	发布日期	实施日期
22	紫花苜蓿种植技术规范	DB50/T 496—2013	/	2013年4月1日	2013年4月1日
23	大足黑山羊圈舍建设技术规范	DB50/T 502—2013	/	2013年11月20日	2014年1月1日
24	大足黑山羊繁殖技术规范	DB50/T 509—2013	/	2013年11月20日	2014年1月1日
25	大足黑山羊种母羊饲养管理技术规范	DB50/T 510—2013	/	2013年11月20日	2014年1月1日
26	多年生黑麦草种植技术规范	DB50/T 549—2014	/	2014年6月25日	2014年8月1日
27	多花黑麦草种子生产技术规程	DB50/T 550—2014	/	2014年6月25日	2014年8月1日
28	苇状羊茅种植技术规程	DB50/T 551—2014	/	2014年6月25日	2014年8月1日
29	牛程序化输精技术规程	DB50/T 552—2014	/	2014年6月25日	2014年8月1日
30	架子牛饲养管理技术规程	DB50/T 553—2014	/	2014年6月25日	2014年8月1日
31	肉用犊牛饲养管理技术规程	DB50/T 554—2014	/	2014年6月25日	2014年8月1日
32	肉牛全混合日粮（TMR）饲养技术规程	DB50/T 555—2014	/	2014年6月25日	2014年8月1日
33	肉用育成母牛饲养管理技术规程	DB50/T 556—2014	/	2014年6月25日	2014年8月1日
34	肉用繁殖母牛饲养管理技术规程	DB50/T 557—2014	/	2014年6月25日	2014年8月1日

（续）

序号	标准名称	标准编号	代替标准号	发布日期	实施日期
35	巫溪红三叶种子生产技术规范	DB50/T 574—2014	/	2014 年 11 月 30 日	2015 年 2 月 1 日
36	奶牛抗热应激饲养管理技术规范	DB50/T 668—2016	/	2016 年 7 月 1 日	2016 年 9 月 1 日
37	青贮饲料品质鉴定	DB50/T 669—2016	/	2016 年 7 月 1 日	2016 年 9 月 1 日
38	肉用山羊种公羊饲养管理技术规范	DB50/T 670—2016	/	2016 年 7 月 1 日	2016 年 9 月 1 日
39	渝东黑山羊种母羊饲养管理技术规范	DB50/T 671—2016	/	2016 年 7 月 1 日	2016 年 9 月 1 日
40	高丹草种植技术规范	DB50/T 736—2016	/	2016 年 12 月 30 日	2017 年 5 月 1 日
41	象草种植技术规范	DB50/T 737—2016	/	2016 年 12 月 30 日	2017 年 5 月 1 日
42	育肥牛饲养管理技术规范	DB50/T 740—2016	/	2016 年 12 月 30 日	2017 年 5 月 1 日
43	山羊种羊场建设技术规范	DB50/T 741—2016	/	2016 年 12 月 30 日	2017 年 5 月 1 日
44	苦荬菜种植技术规范	DB50/T 887—2018	/	2018 年 9 月 1 日	2018 年 12 月 1 日
45	拉巴豆种植技术规范	DB50/T 888—2018	/	2018 年 9 月 1 日	2018 年 12 月 1 日
46	墨西哥类玉米种植技术规范	DB50/T 889—2018	/	2018 年 9 月 1 日	2018 年 12 月 1 日
47	生鲜牛乳安全生产技术规范	DB50/T 891—2018	/	2018 年 9 月 1 日	2018 年 12 月 1 日

（续）

序号	标准名称	标准编号	代替标准号	发布日期	实施日期
48	山羊羔羊哺乳期保育技术规程	DB50/T 919—2019	/	2019 年 5 月 30 日	2019 年 9 月 1 日
49	饲用籽粒苋栽培技术规范	DB50/T 997—2020	/	2020 年 5 月 15 日	2020 年 8 月 15 日
50	肉用山羊种公羊引种技术规范	DB50/T 998—2020	/	2020 年 5 月 15 日	2020 年 8 月 15 日
51	渝东黑山羊繁育技术规程	DB50/T 999—2020	/	2020 年 5 月 15 日	2020 年 8 月 15 日
52	饲用籽粒苋栽培技术规范	DB50/T 997—2020	/	2020 年 5 月 15 日	2020 年 8 月 15 日
53	草地牧草资源调查技术规范	DB50/T 1028—2020	/	2020 年 9 月 4 日	2020 年 11 月 20 日
54	杂交狼尾草窖贮技术规程	DB50/T 1025—2020	/	2020 年 9 月 4 日	2020 年 11 月 20 日
55	饲料桑本化栽培技术规范	DB50/T 1061—2020	/	2020 年 11 月 1 日	2021 年 2 月 1 日

注：截至 2020 年 12 月；以标准编号先后为序。

附录一
草业统计指标解释

一、天然饲草地利用情况

1. 累计承包面积

明确了承包经营权，用于畜牧业生产的天然草地面积。形式包括承包到户、承包到联户和其他承包形式，三者之间没有包含关系。单位是万亩，最多保留 3 位小数。

2. 禁牧、休牧、轮牧面积

禁牧面积、休牧面积、轮牧面积之和，三者之间没有包含关系。禁牧面积，指全年不放牧的面积。休牧面积，指当年一定时期禁止放牧利用的面积。轮牧面积，指划区轮牧面积和分区轮牧面积，是按季节草场和放牧小区，依次轮回或循环放牧的面积。单位是万亩，最多保留 3 位小数。

3. 天然草地利用面积

天然草地用于畜牧业生产的面积，包括打贮草面积、刈牧兼面积和其他方式利用面积，三者之间没有包含关系。单位是万亩，最多保留 3 位小数。

二、多年生牧草生产情况

1. 当年新增人工种草面积

当年经过翻耕、播种，人工种植牧草（草本、半灌木和灌木）

的面积，不包括压肥面积。同一块地块上多次播种同种多年生种类，面积不重复计算。多种类牧草混播，按照一种主要牧草种类统计。单位是万亩，最多保留 3 位小数。

2. 当年耕地种草面积

当年在农耕地上种植牧草的面积。包含农闲田种草面积。单位是万亩，最多保留 3 位小数。

3. 农闲田种草面积

在可以种植而未种植农作物的短期闲置农耕地（农闲田）种植牧草的面积，包括冬闲田种草面积、夏秋闲田种草面积、果园隙地种草面积、"四边"地种草面积和其他类型种草面积，相互之间没有包含关系。

4. 冬闲田（冬春闲田）种草面积

利用冬季至春末闲置的农耕地种植牧草，并能够达到牧草成熟或适合收割用作牲畜饲草的面积。注意某些种类是否适合在冬闲田种植，是否影响后续农作。用作绿肥的不做统计。单位是万亩，最多保留 3 位小数。

5. 夏秋闲田种草面积

利用夏季至秋末闲置的农耕地种植牧草用作牲畜饲草的面积。注意某些种类是否适合在夏秋闲田种植，是否影响后续农作。用作绿肥的不做统计。单位是万亩，最多保留 3 位小数。

6. 果园隙地种草面积

利用果园空隙地种植牧草用于牲畜饲草的面积。注意某些种类是否适合在果园隙地种植，是否影响果园正常管理。种植牧草用作果园保护、绿肥或者生境改善的面积不做统计。单位是万亩，最多保留 3 位小数。

7. "四边"地种草面积

利用村边、渠边、路边、沟边的空隙地种植牧草用作牲畜饲草的面积。所种牧草不用作牲畜饲草的面积不做统计。单位是万亩，最多保留 3 位小数。

8. 其他类型种草面积

除冬闲田、夏秋闲田、果园隙地和"四边"地以外的农闲田种植牧草用作牲畜饲草的面积。所种牧草不用作牲畜饲草的面积不做统计。单位是万亩，最多保留 3 位小数。

9. 人工种草保留面积

经过人工种草措施后进行生产的面积，包含往年种植且在当年生产的面积和当年新增人工种草面积。多种类牧草混合播种，按一种主要牧草种类统计。单位是万亩，最多保留 3 位小数。

10. 人工种草单产

种草保留面积上单位面积干草产量。保留面积有数值，单产为必填项。单位是 kg/亩，取整数，计干重。

11. 鲜草实际青贮量

当年青贮加工的鲜草数量。注意某些种类是否真实用作青贮或能够青贮，填报数为青贮时的数量。单位是 t，取整数。

12. 灌溉比例

实际进行灌溉的面积比例，不论灌溉次数。单位是％，取整数。

三、一年生牧草生产情况

1. 牧草种类与饲用作物

牧草种类包括一年生种类、越年生种类和饲用作物。饲用作物是指以生产青饲料为目且用于草食牲畜饲喂的作物。

2. 当年种草面积

当年种植且在当年进行生产的面积，用作绿肥的面积不做统计。同一块地不同季节种植不同牧草，分别按照牧草种类统计面积。同一地块多次重复种植同种牧草面积不累计。多种类牧草混合播种，按一种主要牧草种类统计。单位是万亩，最多保留 3 位小数。

3. 当年耕地种草面积

当年在农耕地上种植牧草的面积。包含农闲田种草面积。单位是万亩，最多保留 3 位小数。

4. 农闲田种草面积

在可以种植而未种植农作物的短期闲置农耕地（农闲田）种植牧草的面积，包括冬闲田种草面积、夏秋闲田种草面积、果园隙地种草面积、四边地种草面积和其他类型种草面积，相互之间没有包含关系。

5. 冬闲田（冬春闲田）种草面积

利用冬季至春末闲置的农耕地种植牧草，并能够达到牧草成熟或适合收割用作牲畜饲草的面积。注意某些种类是否适合在冬闲田种植，是否影响后续农作。用作绿肥的不做统计。单位是万亩，最多保留 3 位小数。

6. 夏秋闲田种草面积

利用夏季至秋末闲置的农耕地种植牧草用作牲畜饲草的面积。注意某些种类是否适合在夏秋闲田种植，是否影响后续农作。用作绿肥的不做统计。单位是万亩，最多保留 3 位小数。

7. 果园隙地种草面积

利用果园空隙地种植牧草用于牲畜饲草的面积。注意某些种类是否适合在果园隙地种植，是否影响果园正常管理。种植牧草用作果园保护、绿肥或者生境改善的面积不做统计。单位是万亩，最多保留 3 位小数。

8. "四边"地种草面积

利用村边、渠边、路边、沟边的空隙地种植牧草用作牲畜饲草的面积。所种牧草不用作牲畜饲草的面积不做统计。单位是万亩，最多保留 3 位小数。

9. 其他类型种草面积

除冬闲田、夏秋闲田、果园隙地和四边地以外的农闲田种植牧草用作牲畜饲草的面积。所种牧草不用作牲畜饲草的面积不做统计。单位是万亩，最多保留 3 位小数。

10. 人工种草单产

单位面积干草产量。饲用作物折合干重。单位是 kg/亩，取整数，计干重。

11. 鲜草实际青贮量

当年实际青贮的鲜草数量。注意某些种类是否真实用作青贮或能够青贮。单位是 t，取整数。

12. 灌溉比例

实际进行灌溉的面积比例，不论灌溉次数。单位是％，取整数。

四、牧草种子生产情况

1. 草种田面积

人工建植的专门用于生产牧草种子的面积，不含"天然草场采种"面积。单位是万亩，最多保留 3 位小数。

2. 单位面积产量

单位面积上草种干种子重量。单位是 kg/亩，取整数。

3. 草场采种量

在天然或改良草地采集的多年生牧草种子量，不统计面积和单位面积产量。单位是 t，最多保留 3 位小数。

4. 灌溉比例

实际进行灌溉的草种田面积比例，不论灌溉次数。单位是％，取整数。

5. 草种销售量

当年销售的牧草种子数量。外购进来再次销售的数量不做统计。单位是 t，最多保留 3 位小数。

6. 牧草种类、计量单位、总数量、每吨计量单位数量

牧草种类选择"饲用块根块茎作物"时，填写"块根块茎种茎类名称"。"计量单位"填写个、公斤、株、块等。"总数量"填写实际计量单位的数量。"每吨计量单位数量"填写每吨对应的计量单位数量。如："计量单位"填写"株"，"总数量"为 500 000（株），每吨对应计量单位数量 5 000 株，说明块根块茎种茎类牧草按照计量单位"株"统计，总数量为 500 000 株，每吨包含 5 000 株，总数量折合 500 000÷5 000＝100 吨。

五、商品草生产情况

1. 生产面积

专门用于生产以市场流通交易为目的的商品牧草种植面积。单位是万亩，最多保留 3 位小数。

2. 单位面积产量

单位面积上商品草干重。单位是 kg/亩，取整数。

3. 商品干草总产量

实际生产能够进行流通交易的商品干草数量。注意某些种类是否实际生产干草。单位是 t，最多保留 1 位小数。

4. 商品干草销售量

实际销售的商品干草数量。单位是 t，最多保留 1 位小数。

5. 鲜草实际青贮量

实际青贮能够进行流通交易的商品鲜草数量。注意某些种类是否实际青贮。单位是 t，取整数，不折合干重。

6. 青贮销售量

实际销售的青贮产品数量。单位是 t，取整数，不折合干重。

7. 灌溉比例

实际进行灌溉的商品草生产面积比例，不论灌溉次数。单位是％，取整数。

六、草产品加工企业生产情况

1. 企业名称

包含草产品生产加工公司、合作社、厂（场）等。填写全称。

2. 干草实际生产量

实际生产的干草产品数量。包括草捆产量、草块产量、草颗粒产量、草粉产量和其他产量。注意某些种类是否实际生产干草或者产品种类。单位是吨，最多保留 1 位小数。

3. 青贮产品生产量

实际青贮的鲜草数量。注意某些种类是否实际制作青贮。单位是 t，最多保留 1 位小数。

4. 草种生产量

实际生产的牧草种子干重，不论是否销售或自用。单位是吨，最多保留 1 位小数。

七、农闲田可利用面积情况

1. 农闲田可种草面积

可以种植牧草的短期闲置农耕地面积，包括冬闲田可种草面积、夏秋闲田可种草面积、果园隙地可种草面积、"四边"地可种草面积和其他类型可种草面积，相互之间没有包含关系。单位是万亩，最多保留 3 位小数。

2. 农闲田已种草面积

已种植牧草，由多年生牧草农闲田种草面积合计和一年生牧草农闲田种草面积合计汇总获得。已种草面积不得大于可种草面积。

3. 冬闲田（冬春闲田）可种草面积

冬季至春末可以种植牧草的闲置耕地面积。单位是万亩，最多保留 3 位小数。

4. 夏秋闲田可种草面积

夏季至秋末可以种植牧草的闲置耕地面积。单位是万亩，最多保留 3 位小数。

5. 果园隙地可种草面积

果园空隙地中可以种植牧草的面积。单位是万亩，最多保留 3 位小数。

6. "四边"地可种草面积

利用村边、渠边、路边、沟边周围的空隙地可以种植牧草的面积。单位是万亩，最多保留 3 位小数。

7. 其他类型可种草面积

除冬闲田、夏秋闲田、果园隙地和四边地以外的农闲田可以种植牧草的面积。单位是万亩，最多保留 3 位小数。

八、农副资源饲用情况

1. 生产量

农副资源可用作畜禽饲草料的生产总量。非秸秆类不统计产量。单位是 t，取整数。

2. 饲用量

农副资源实际饲喂畜禽的总量。单位是 t，取整数。

3. 加工饲用量

农副资源经过黄贮、微贮、氨化等加工后饲喂畜禽的饲用量。非秸秆类不计入加工饲用量。切碎、拉丝、粉碎等物理措施不算作加工。单位是 t，取整数。

附录二
2020 年重庆市草业主导品种和
主推技术名录

一、主导品种

1. 牧草及饲用作物种类（10 个）

饲用玉米、饲用甜高粱、杂交狼尾草、高丹草、多花黑麦草、鸭茅、燕麦、扁穗牛鞭草、红三叶、白三叶。

2. 乳用牛（1 个）

中国荷斯坦奶牛。

3. 肉用牛（2 个）

西门塔尔牛、安格斯牛。

4. 羊（6 个）

大足黑山羊、渝东黑山羊、川东白山羊、板角山羊、波尔山羊、金堂黑山羊。

5. 兔（2 个）

伊拉配套系兔、伊普吕配套系兔。

二、主推技术（7 项）

1. 饲草规模化生产技术

技术要点：农牧融合，农机、农艺结合。饲草规模化生产土地宜机整治，适度规模种植优质牧草及饲用作物，草畜配套，利用饲草发展牛、羊等草食畜牧业，实现循环发展。

2. 饲草料加工利用技术

技术要点：青贮窖标准化建设，青贮料加工利用，青干草调制利用，玉米秸秆、豆类秸秆、藤蔓、稻草等农作物秸秆饲料化利用。

3. 提高山羊经济效益综合配套技术

技术要点：改扩建山羊高床圈舍、改进杂交生产、羔羊保育管理、快速育肥出栏、疫病综合防控、高产饲草种植利用、粪污综合利用。

4. 提高架子牛短期育肥经济效益关键技术

技术要点：架子牛的选择、驱虫健胃、称重分群、定时饲喂、全株青贮玉米、优质饲草种植及利用；全混合日粮（TMR）饲喂、疫病防控、适时出栏。

5. 提高小规模奶牛养殖场经济效益综合配套技术

技术要点：分群饲养，分阶段饲喂；全株青贮玉米种植及利用，全混合日粮（TMR），冬、夏控温措施，定时挤奶，防疫程序化，粪污无害化处理。

6. 肉兔适度规模养殖技术

技术要点：年出栏 1 万只以上商品兔场，能繁母兔存栏 300 只以上规模，推广优良种兔、兔舍建造、兔笼舍设施改造、兔人工授精技术，兔饲料及饮水安全，全进全出饲养模式，无抗养殖，程序化免疫及粪污无害化处理。

7. 畜禽粪污种养结合循环利用技术

技术要点：通过"三改两分"（改水冲清粪为干式清粪、改无限用水为控制用水、改明沟排污为暗道排污，固液分离、雨污分离），将畜禽粪污通过堆积发酵或厌氧发酵等技术实现无害化处理，达到有关标准要求后，作为农家肥用于还田利用。

附录三
重庆市主推饲草简介

一、紫花苜蓿

1. 特性

紫花苜蓿为多年生豆科牧草，一般生长期数十年，集约化利用3～5年。种子为肾形，黄褐色。喜温暖半干旱气候，日均温15～20℃最适生长，高温、高湿对其生长不利。抗寒、抗旱能力很强。沙土、黏土均可生长，但最适土层深厚、富含钙质的土壤，适宜的土壤pH为7～8。生长期间最忌积水，连续水淹1～2d即大量死亡，要求排水良好，地下水位低于1m以下。

2. 经济价值

紫花苜蓿以"牧草之王"著称，草质优良，富含粗蛋白质、维生素和无机盐。蛋白质中氨基酸比较齐全，动物必需的氨基酸含量丰富。干物质中粗蛋白质含量为 15%～25%，相当于豆饼的一半，比玉米高 1～1.5 倍。适口性好，可青饲、青贮或晒制干草。幼嫩的紫花苜蓿饲喂猪、禽、兔和草食性鱼类，饲喂时注意和禾本科牧草混喂，防止家畜因食用紫花苜蓿过量引起膨胀。每年可刈割3～4次，晒制干草应在 10% 植株开花时刈割，留茬高度以 5cm 为宜。一般亩产鲜草 3 000kg，高者可达 5 000kg。

3. 栽培要点

紫花苜蓿种子细小，播前要求精细整地，并保持土壤墒情，在贫瘠土壤上每亩施腐熟农家肥 3 000～5 000kg 或尿素 15kg＋磷二铵 20kg 作底肥。一年四季均可播种，重庆地区采用秋播方式。秋播可于 9 月播种，利用早春土壤化冻时的水分出苗。一般多采用条播，行距为 30～40cm，播深为 1cm 左右，每亩播种量为 1～1.5kg。苗期生长缓慢，易受杂草侵害，应及时除草。

4. 主推品种

渝苜 1 号及高休眠级的精英、维多利亚、超音速、阿尔冈金、WL525HQ 等。

二、白三叶

1. 特性

白三叶为多年生豆科牧草，种子心脏形或卵形，黄色或棕黄色，种子小，千粒重为 0.5～0.7g。喜温暖湿润气候，生长最适温度为 19～24℃。喜光，在阳光充足的地方，生长繁茂，竞争力强。喜湿润，耐短时水淹，不耐干旱，生长地区年降水量不应低于600～800mm。适宜的土壤 pH 为 6.5～7.0，中性沙壤。不耐盐碱，再生力强。

2. 经济价值

白三叶营养丰富，饲养价值高，粗纤维含量低，干物质消化率75%～80%。干物质中各营养物质含量分别为粗蛋白质 24.7%，粗脂肪 2.7%，粗纤维 12.5%，粗灰分 13%，无氮浸出物 47.1%。草质柔嫩，适口性好，大多家畜和家禽都喜食。由于草丛低矮，最适宜放牧利用，但是如果采食过量，牛、羊会发生膨胀病，要及时瘤胃放气。白三叶最适宜与禾本科的黑麦草、鸭茅、羊茅等混播，以便安全利用。刈割白三叶草可以喂猪、牛、羊、兔、禽、鱼、鹿等。一般亩产鲜草 2 500kg，高者可达 3 500kg。

3. 栽培要点

白三叶种子细小，播前需精细整地，翻耕后每亩施腐熟农家肥1 500～2 500kg＋过磷酸钙 20～25kg。可春播也可秋播，一般采用秋播，单播每亩播量为 0.5～0.7kg。与禾本科的黑麦草、鸭茅、羊茅等混播时，禾本科与白三叶比例为（2～3）∶1。单播多用条播，也可用撒播，条播行距 30cm，覆土要浅，0.5～1cm 即可。在未种过白三叶的土地上首次播种时，用白三叶根瘤菌拌种更好。苗期生长慢，要注意防除杂草危害。每年要施磷肥，混播地增加适量氮肥，保持草地高产。

4. 主推品种

雷神、海法、雷司令、胡依阿、克朗德、川引拉丁诺等。

三、红三叶

1. 特性

红三叶为多年生豆科牧草，一般生长期3～5年。种子椭圆形或肾形，棕黄色或紫色，种子细小，千粒重0.7g左右。喜温暖湿润气候，夏季温度35℃以上生长受抑制，持续高温容易造成死亡。红三叶耐湿性好，耐短时水淹，耐旱性差，在年降水量1 000～1 500mm中高地区生长良好。适宜在pH为6～7的中性或微酸性土壤上生长，土质肥沃的黏壤土最佳。再生力强。

2. 经济价值

红三叶营养丰富，饲养价值高，粗纤维含量低，干物质消化率61％～70％，干草中含粗蛋白质17.1％，粗纤维21.6％。红三叶草质柔嫩，适口性好，大多家畜家禽都喜食；红三叶草地适合刈割和放牧利用。初期单一采食过量，牛羊会发生膨胀病。红三叶适宜与禾本科的黑麦草、鸭茅、羊茅等混播，建设成为人工草地以便安全利用，也适合青贮、打浆方式等利用，可以饲喂牛、羊、兔、禽、鱼、猪等畜禽。

3. 栽培要点

红三叶种子细小，播前需精细整地，翻耕后每亩施腐熟农家肥1 500～2 500kg＋过磷酸钙20～25kg。可春播也可秋播，一般采用秋播，单播每亩播量为0.7～1kg，与禾本科的黑麦草、鸭茅、羊茅等混播时，禾本科与红三叶比例为（2～3）∶1。单播多用条播，也可用撒播，条播行距30cm，覆土要浅，1cm左右即可。在未种过红三叶的土地上首次种植时，接种红三叶根瘤菌效果更好。红三叶苗期生长较慢，要注意防除杂草危害。每年补施磷钾肥，混播地增加适量氮肥，可以保持草地高产。

4. 主推品种

巫溪、加拿大、普通、巴东等。

四、多花黑麦草

1. 特性

多花黑麦草又称一年生黑麦草，为一年生或越年生禾本科牧草，种子千粒重为2.2g。喜温热湿润气候，昼夜温度为27～12℃时生长最快。不耐严寒和干热，最适宜在降水量1 000～1 500mm的中低海拔地区生长。抗旱和抗寒性较差，耐潮湿，但不耐长期积水。喜欢肥沃的土壤，最适宜在 pH6～7 的土壤上种植。

2. 经济价值

多花黑麦草营养物质丰富，品质优良，适口性好，各种家畜家禽均喜采食。茎叶干物质中分别含蛋白质 13.7%，粗脂肪 3.8%，粗纤维 21.3%，草质好，适宜青饲、调制干草、青贮和放牧，是饲养马、牛、羊、猪、兔、禽和草食性鱼类的优质饲草。多花黑麦草的主要利用价值在于生长快，分蘖力强，再生性好，产量高。多花黑麦草与红三叶、白三叶混播，可提高产量和质量，为冬春季节提供优质饲草。多花黑麦草生长期长，生长迅速，分蘖多，根系发达，刈割时间早，再生能力强，一般可刈割 4～5 次，亩产鲜草5 000～8 000kg。

3. 栽培要点

多花生黑麦草较适于单播，春、秋播种都可以，在重庆地区一般采用秋播，在 9 月中下旬进行。结合旋耕，每亩施腐熟农家肥2 000～3 000kg+过磷酸钙 20～30kg。条播行距为 30～35cm，播深为 1～2cm；进口种子每亩播量 1.5kg 左右，撒播时播种量可适当增加。多花黑麦草喜氮肥，分蘖及每次刈割后宜追肥施速效氮肥5kg 左右，适当灌溉能促进对氮肥的吸收。

4. 主推品种

大老板、杰威、特高、蓝天堂、钻石 T 等。

五、多年生黑麦草

1. 特性

多年生黑麦草是禾本科多年生牧草，适合在年降水量 1 000～1 500mm 的中高海拔地区生长，生育期一般 206d，分蘖能力较强，种子千粒重为 1.5g 左右。喜温暖湿润气候，最适生长温度为20℃。不耐炎热，35℃ 以上生长不良，夏季 7、8 月生长停止，9月后气候转凉时又恢复生长；不耐严寒（-15℃ 以下），适宜在pH 为 6～7 肥沃、湿润、排水良好的壤土或黏土上种植。

2. 经济价值

多年生黑麦草营养丰富，品质优良，适口性好，各种畜禽喜食。干物质中含蛋白质 13.5%，粗脂肪 4.15%，粗纤维 22.4%，草质好，适宜青饲、调制干草、青贮和放牧，是饲养马、牛、羊、猪、兔、禽和草食性鱼类的优质饲草。多年生黑麦草生长快，分蘖力强，再生性好，产量高。与红三叶、白三叶混播，可提高产量和质量。多年生黑麦草生长期长，生长迅速，分蘖多，根系发达，刈割时间早，一般年可刈割 3～5 次，亩产鲜草 3 500～6 000kg。

3. 栽培要点

多年生黑麦草适于单播或混播，春、秋季节播种都可以，在重庆地区一般采用秋播，在 9 月中下旬进行。结合旋耕每亩施腐熟农家肥 2 000～3 000kg＋过磷酸钙 20～30kg。条播行距为 30cm 左右，播深为 1～2cm，进口种子每亩播量 1.2～1.5kg，撒播时播种量可适当增加。与豆科的红三叶、白三叶等混播时，禾本科与豆科比例为（2～3）∶1。多年生黑麦草喜氮肥，分蘖及每次刈割后宜追肥施速效氮肥 5kg 左右，适当灌溉能促进对氮肥的吸收。

4. 主推品种

超越、卓越、伊诺、马迪尼等。

六、鸭茅

1. 特性

鸭茅又名鸡脚草、果园草，是禾本科多年生牧草，适合在温暖湿润气候条件下生长，最适生长温度 12～21℃，28℃以上生长受阻。在年降水量 1 000～1 500mm 的中高海拔地区生长良好，生育期一般 268d。鸭茅分蘖能力较强，种子千粒重 1g 左右。种植条件与多年生黑麦草基本相同，适宜肥沃土壤。

2. 经济价值

鸭茅营养丰富，草质优良，适口性好，各种畜禽喜食。干物质中含蛋白质 11.5%，粗脂肪 3.3%，粗纤维 24.7%，适宜青饲、调制干草、青贮和放牧，是饲养马、牛、羊、兔、禽和草食性鱼类的优质饲草。鸭茅根系发达，生长快，分蘖力强，再生性好，产量高，一般年可刈割 3～5 次，亩产鲜草 3 500～6 000kg。可与红三叶、白三叶等豆科牧草混播，建设中高山草地，并提高草产量和质量。

3. 栽培要点

鸭茅适于单播或混播，春季与秋季都可播种，在重庆地区一般采用秋播，在9月中下旬进行。结合旋耕每亩施腐熟农家肥2 000～3 000kg＋过磷酸钙20～30kg。条播行距为30cm，播深为1cm，进口种子每亩播量1～1.2kg，撒播时播种量可适当增加。与豆科的红三叶、白三叶等混播时，禾本科与豆科比例为（2～3）：1。鸭茅喜氮肥，分蘖及每次刈割后宜追肥施速效氮肥4～5kg，适当灌溉能促进对氮肥的吸收。

4. 主推品种

安巴、宝兴、川东等。

七、扁穗牛鞭草

1. 特性

扁穗牛鞭草是禾本科牛鞭草属多年生牧草，根系发达，具根状茎，入土深达1.5m，耐湿、耐旱、耐高温。能在贫瘠的土地上生长，在温暖湿润的地方生长良好，最适宜在肥沃、湿润土地上种植，不同水肥条件对产量影响很大。牛鞭草非常适合在重庆尤其是近郊地区种植。牛鞭草茎秆较多，叶量相对较低，草质优良，适口性好，适合饲喂牛、羊、骡、马、兔、鹅、鱼等多种动物。牛鞭草分蘖能力强，一般采用营养繁殖。

2. 经济价值

扁穗牛鞭草营养较好，品质优良。其干物质中含蛋白质 9.3% 左右，粗脂肪 1.7% 左右，粗纤维 27.2%；适宜刈割青饲、调制干草、青贮和放牧利用。扁穗牛鞭草生长快，分蘖力强，再生性好，产量高，也是一种优秀的地表覆盖植物。扁穗牛鞭草一般年可刈割 3～5 次，亩产鲜草 6 000～9 000kg。

3. 栽培要点

扁穗牛鞭草适合单种或混种，春季与秋季均可种植。重庆地区一般适宜采用春季种植。种植前要求耕翻整地，保持湿润，结合翻地每亩施腐熟农家肥 3 000～4 000kg。扦插株行距 5cm×30cm，栽插深度 3～5cm，根部压紧。扁穗牛鞭草对氮肥敏感，分蘖及每次刈割后宜追肥施速效氮肥 5~-10kg，夏季与秋季保持灌溉，能促进对氮肥的吸收并获得较高的产量。

4. 主推品种

重高、广益、雅安等。

八、狼尾草属植物及其杂交种

以皇竹草为例，象草、杂交狼尾草等种植可参照皇竹草。

1. 特性

皇竹草是禾本科狼尾草属多年生牧草，直立丛生，具有较强的分蘖能力。单株每年可分蘖 50～90 株，株高 4～5m，节数为 20～25 个，节间较脆嫩。因其叶长茎高、秆型如小斑竹，故名称皇竹草。皇竹草由象草和美洲狼尾草杂交选育而成，属四碳植物。适宜热带与亚热带气候栽培，喜温暖湿润气候；种植以土深肥沃的沙质土或壤土为宜，抗旱力强，抗涝力弱。可耐低温及微霜，但不耐冰冻，在重庆海拔 700m 以上地区越冬困难。对土壤的肥力反应快速，有机肥中以牛粪最佳。

2. 经济价值

皇竹草的产草量和蛋白质含量比象草高，生长 1 个月高 50cm 时粗蛋白质含量 10.8%，生长 70～90d 高 150cm 时含粗蛋白质 5.9%。适宜刈割青饲、青贮和放牧利用。生长快，抑制杂草能力强，分蘖力强，再生性好，产量高。皇竹草一般年可刈割 4～5 次，亩产鲜草 12 000～15 000kg。是牛、马、羊等草食动物的良好饲料。

3. 栽培要点

皇竹草多采用种茎扦插，重庆地区一般适宜在 3—5 月种植。最好在栽植的上年冬季就将土地深翻，经过冬冻，使土壤熟化，在栽种前再浅耕一遍，每亩施农家肥 3 000～5 000kg＋复合肥 30～50kg 作为底肥。扦插株行距分别为 50～60cm、60～80cm。用较粗壮、芽眼突出的节茎、种蔸为繁殖材料。每节（芽）为一个种苗。节（芽）可平放，也可斜放或直插，入土 7cm 左右。皇竹草对肥敏感，分蘖及每次刈割后宜追肥施速效氮肥 10～20kg 或腐熟农家肥。连续干旱应视情况浇水。

4. 主推品种

皇竹草、桂牧一号、杂交狼尾草、甜象草等。

九、墨西哥类玉米

1. 特性

墨西哥类玉米是禾本科草本植物，一年生。颖果呈串珠状，颖壳坚硬、光滑，成熟种子褐色或灰褐色，千粒重 54～80g。喜温暖湿润气候，宜在水肥条件好的土地上种植。耐热性强，不耐霜冻，气温低至 10℃以下时，生长停滞，0℃左右会造成死亡。在年降水量 800mm 以上、无霜期在 180d 以上地区均可种植。耐旱性差，持续 20d 以上无雨，土壤水分不足，生长停滞。不耐涝，浸淹数日即引起死亡。对土壤要求不高，海拔 1 200m 以下、pH5.5～8.0 的微酸或微碱性土壤均可种植。

2. 经济价值

墨西哥类玉米营养丰富，消化率较高，孕穗期含粗蛋白质13.9%，粗纤维含量 28.5%，粗脂肪 2.1%。植株高大，一般 2～

3m；茎秆粗壮，枝叶繁茂，质地松脆，具有甜味，分蘖能力强，每丛有分枝 10～25 个，有的高达 90 多个。再生能力强，在南方地区种植，一般年刈割 3～4 次，年鲜草产量 6 000～8 000kg。可鲜喂，也可青贮或是调制干草，牛、羊、兔、猪、鸡、鸭、鹅、鱼都喜食。

3. 栽培要点

墨西哥类玉米为春播饲草，可条播，也可育苗移栽。条播时行株距 60cm×40cm，播深 2cm，亩用种量约 1kg。播前应平整土地，并施足底肥。刈割期随饲养对象而异，鹅、猪、鱼利用株高一般为 80cm 以下为宜，饲喂牛、羊、兔可长至 100～120cm 时刈割。刈割时注意不能割掉生长点，以利再生。

4. 主推品种

墨西哥类玉米等。

十、饲用甜高粱

1. 特性

饲用甜高粱为草本植物，一年生。种子白色、红褐色或黄色，千粒重20～30g。喜温暖湿润气候，在日温27～32℃时生长速度最快，日温12℃、夜温4℃停止生长。在降水量600～900mm的温暖地带能获得很高的生物产量，干旱时需灌溉才能高产。对土壤要求不严，在排水良好的肥沃壤土中产量最高。适宜的土壤pH为6.5～7.5。耐盐性强，耐贫瘠性强，但施肥充足才能高产。

2. 经济价值

饲用甜高粱植株高大、产量高，茎秆富含糖分、营养价值较高，适口性好，饲料转化率高，多种牲畜均喜食。苗期分蘖力强，再生性强，在南方地区可年刈割3～4次，年鲜草产量7 000～10 000kg。刈割后可青饲、生产干草、青贮等，种植者可根据养殖情况自主安排。

3. 栽培要点

饲用甜高粱一般春播，3月底至4月底均可。因其种子较小，且顶土能力较弱，播前需对土壤精耕细耙，施足底肥，播种深度以1.5～3.0cm为宜。土壤温度高于15℃即可播种。每亩播种量1.5kg。条播行距约35～45cm。单播或与扁豆等豆科植物混播，禾豆添加植株比例为2∶1或3∶1。为防地下害虫，可用杀虫剂拌种。播前将土壤深耕，施足有机肥，种肥应包括氮、磷、钾肥，以磷肥为主。底肥每亩用量10kg左右，以加快建植并满足早期生长的需要。首次刈割后结合灌溉，每亩施氮肥5～10kg，以后依据实际情况施用氮肥1～2次，特别是在分蘖期、拔节期以及每次刈割后，应及时灌溉和追施速效氮肥。一般在抽穗期刈割；青饲小家畜可以提前，但是株高低于1m刈割饲喂容易造成氢氰酸中毒。

4. 主推品种

大力士、美洲巨人、绿巨人等。

十一、青贮玉米

1. 特性

青贮玉米为禾本科草本植物，一年生，喜温。颖果马齿形或近圆形，颜色主要为黄、白色，千粒重 200～350g。种子一般在 6～7℃时开始发芽，但发芽缓慢，易烂种，最萌发温度为 25～30℃。土壤表层 5～10cm 日均温稳定在 10～12℃时作为春播的适宜播期，夏播越早越好。拔节期要求日温度为 18℃以上，抽雄、开花期要求 26～27℃，灌浆成熟期保持在 20～24℃。单株体积大，需水多，需肥也较多。对氮的需要量远比其他禾本科作物高，钾次之，对磷的需要量较少，所以应以施氮肥为主，配合施用磷、钾肥。适宜的土壤 pH 为 5～8，而以中性土壤为好，不适于在过酸、过碱的土壤中生长。

2. 经济价值

青贮玉米因其含糖量高，适口性好，各种家畜均喜食。其植株高大，一般株高 2.5～3.5m，最高可达 4m，最佳收获期为籽粒的乳熟末期至蜡熟前期，此时产量最高，综合价值也最好。年产生物产量鲜重 3 000～4 500kg。因全株收获制作青贮具有高产、优质、省工、节能等优势，在我国大部分地区广泛种植。

3. 栽培要点

青贮玉米种植时要选地势平坦、排灌水方便、土层深厚、肥力较高的地块种植。播种之前结合耕作施足底肥。可穴播也可条播，穴播以株距 20～25cm 为宜，穴播和条播的行距以 60～80cm 为宜，穴播每亩播种量一般为 2～3kg，条播一般为 3～4kg。播种深度为 2～4cm。播后在合适生长期及时进行间苗、补苗、定苗以保证产量。青贮玉米需肥量加大，除施足基肥外，生长期间应分期追肥。拔节至开花期生长快，吸收养分多，是需肥的关键时期。青贮玉米的最适收割期为玉米籽实的乳熟末期至蜡熟前期，一旦收割，应在尽量短的时间内青贮完成，不可拖延时间过长，避免因降雨或本身发酵而造成损失。在收获时一定要保持青贮玉米秸秆有一定的含水量，正常情况下要求青贮玉米的含水量为 65％～75％。

4. 主推品种

渝青玉 3 号、渝单 25、雅玉 8 号等。

附录四
2020 年草业科学大事记

1月

2日　林草科技支撑精准扶贫经验交流会在贵州召开。

3日　《草业大辞典》（修订版）第一次编务会在北京召开。

5日　甘肃省科技重大专项计划"草类植物种质创新与品种选育"项目启动与研讨会在兰州大学召开。

13日　第四届中国绿化博览会新闻发布会暨会微吉祥物发布仪式在北京举行。

14日　国家牧草产业体系衡水综合试验站在三亚南繁基地组织召开"BMR饲草高粱光温敏不育系考察鉴评会"。

15日　中国科学院华南植物园发现湿季延迟与增雨影响华南热带地区碳循环，不同土壤二氧化碳，释放对同一降水变化形式的不同响应决定土壤二氧化碳释放速率。

17日　由中国农业科学院农业资源与农业区划研究所、草原研究所以及甘肃农业大学、甘肃创绿草业科技有限公司等承担的"寒旱区牧草新品种选育与制种技术及高产栽培模式研究应用"取得重要进展。

25日　"中国南方草地牧草资源调查"项目中期总结会在海口召开。来自兰州大学、中国热带农业科学院、福建省农科院、江苏省农科院等13家项目承担单位的70多位代表参会。

2月

3日　全国畜牧总站中国饲料工业协会发布 2020 年工作要点，强调草牧业、畜禽牧草种业发展。

11日　国务院办公厅《关于加强农业种质资源保护与利用的意见》正式印发。

18日　国家森林防火指挥部办公室、应急管理部、国家林业和草原局联合发布关于进一步加强当前森林草原防灭火工作的通知。

21日　中国科学院植物研究所揭示草原生态系统土壤无机碳库对灌丛化的响应。

农业农村部印发《2020 年全国草地贪夜蛾防控预案》。

农业农村部印发《2020 年推进现代种业发展工作要点》。

24日　农业农村部印发《2020 年畜牧兽医工作要点》。

29日　华南植物园揭示全球陆地自然生态系统磷限制格局。

中国科学院沈阳应用生态研究所，揭示了北方草地土壤线虫群落沿干旱梯度的响应及驱动机制。

3月

2日　农业农村部办公厅印发《2020 年农业农村绿色发展工作要点》。

9日　农业农村部、海关总署、国家林业和草原局联合印发《沙漠蝗及国内蝗虫监测防控预案》。

11日　中国科学院揭示北方草地土壤线虫群落沿干旱梯度的响应及驱动机制。

12日　中国科学院揭示青藏高原土地利用年限对碳循环的影响。

中国科学院在瓶尔小草科的系统分类研究中取得进展。

17日　中国科学院揭示冬季增雪对温带草地群落稳定性和生态系统功能的调控机制。

19 日　中国科学院在东北黑土区农田土壤剖面碳分布研究中获新进展。

20 日　中国科学院在玉米农田肥料氮利用效率和损失研究中取得进展。

26 日　中国科学院揭示不同植物功能类群对土壤水分和养分的影响。

31 日　农业农村部办公厅印发《2020 年畜牧产业扶贫和援藏援疆行动方案》，推进粮改饲和奶业升级。

4月

7 日　中国科学院沈阳应用生态研究所发现秸秆还田频率调节了土壤微生物与线虫间双向耦合关系并驱动微食物网主要功能群碳流动。

13 日　国家林业和草原局下发《关于进一步加强草原禁牧休牧工作的通知》。

17 日　中国科学院水土保持研究所定量评估了气候、生态系统类型、氮沉降类型和量、氮施用周期对土壤碳库和温室气体排放的贡献。

20 日　中国科学院华南植物园发现氮沉降促使植物碳吸收的增益作用并随时间推移变弱，而水分消耗增益作用随氮沉降的持续而增强。

24 日　中国科学院华南植物园量化了自然状态下林冠对氮沉降（湿沉降）的截留效应。

26 日　中国科学院发现，凋落物调控土壤有机碳积累和土壤生物群落结构的作用大于根系。

中国科学院发现，沼泽湿地水深和开垦年限是影响土壤种子库的关键因素，并确定沼泽湿地植被恢复的开垦年限阈值是 15～20 年。

27 日　中国科学院空天信息创新研究院研发了一种利用微波土壤水分指数（SMI）来监测土壤水分动态变化的方法。

中国科学院地球化学研究所量化了气候变化和人类活动对植被生产力变化的影响。

30 日　结合甘肃省重大专项"草类植物种质创新与品种选育"的实施,甘肃省草原技术推广总站联合兰州大学启动了草种认证试点工作,这标志着甘肃省草种质量管理工作进入一个新的阶段。

5月

6 日　中国科学院华南植物园研究揭示秋季物候决定青藏高原植物生长季长度的变化。

9 日　四川省农村科技发展中心对四川省草业技术研究推广中心主持完成的《四川省草地资源高效清查关键技术创建与应用》进行了评价。

农业农村部畜牧兽医局通报 2019 年全国饲料质量安全监督抽查结果。

11 日　兰州大学与定西市畜牧兽医局签订《定西草牧产业发展规划》编制任务书。

12 日　农业农村部发布《2019 年全国耕地质量等级情况公报》。

农业农村部和青海省人民政府联合召开部省共建绿色有机农畜产品示范省推进视频会。

13 日　中国农业科学院植物保护研究所锡林浩特基地获批国家林业和草原长期科研基地。

"江西省饲草开发利用关键技术"成果评价会在线上举行。

14 日　中国科学院西双版纳热带植物园揭示植物复叶模式建成的分子机制。

中国科学院西北生态环境资源研究院等报道了青藏高原高寒草甸生态系统植被对地 - 气汞交换和大气汞动态过程的影响。

16 日　农业农村部、国家林业和草原局等 7 部门联合下发关于组织开展第四批"中国特色农产品优势区"申报认定工作的通知。

18 日　中国科学院遗传与发育生物学研究所发现植物耐盐 SOS 途径发挥功能的必需因子。

21 日　中国科学院南京土壤研究所研究了盐分状况、施肥类型、改良剂与盐分互作对氨挥发及氮转化的影响，并提出了用低量生物炭和石膏进行盐渍化农田治理与改良的方法。

22 日　中国科学院南京土壤研究所明确了藏北中尺度典型退化高寒草甸的时空分布和主要影响因素。

24 日　兰州大学草地农业科技学院在植物耐盐性方面取得 3 项研究成果，为探讨植物耐盐策略提供了新视角。

29 日　中国科学院东北地理与农业生态研究所研制的客土播种法在减少土壤使用量的同时，能快速恢复盐碱裸地为羊草群落。

中国科学院沈阳生态研究所揭示了不同形式氮添加对草地根系分解的影响机理，提出如果忽视有机氮，可能会高估氮沉降对土壤碳库的碳汇作用。

6 月

1 日　中国科学院揭示了长期氮沉降对高寒灌丛根际与非根际土壤碳库的影响差异，明确了氮添加在根际/非根际对土壤碳存储的贡献。

5 日　中国农业绿色发展研究会第一届会员代表大会在北京举行，就农产品产量、绿色发展、农业效益及供给侧结构性改革等问题进行了研讨。

国家发展和改革委员会、自然资源部、生态环境部等 11 部门联合公布 2019 年全国高尔夫球场清理整治情况。

8 日　中国科学院揭示苜蓿感知环境氮素浓度变化精细调控共生结瘤固氮机制。

中国科学院发现演化和气候生态位影响南亚热带禾本科植物的生殖物候多样性。

16 日　国家林业和草原局发布 2020 年重点推广科技成果 100 项，南志标院士等完成的"牧草病害及其防治技术"入选。

17 日　农业农村部和生态环境部联合印发《关于进一步明确畜禽粪污还田利用要求强化养殖污染监管的通知》，明确畜禽粪污还田利用标准。

植物病虫害生物学国家重点实验室 2019 年度学术委员会会议在北京召开。

18 日　中国农业科学院饲料研究所"肉羊营养需要与精准饲养技术体系创建"项目通过成果评价。

23 日　农业农村部印发《关于落实农业种质资源保护主体责任 开展农业种质资源登记工作》的通知。

25 日　中国草业发展战略研究中心年度工作会议在兰州大学召开。

28 日　国家林业和草原局关于印发《草原征占用审核审批管理规范》的通知。

29 日　中国科学院发现微生物网络中核心节点类群相对丰度与土壤养分循环功能基因的丰度显著正相关。

7月

1 日　兰州大学草地农业科技学院选育的 4 个转基因紫花苜蓿（*Medicago sativa*）新材料，获批进行大田中间试验。

3 日　农业农村部召开全国草地贪夜蛾防控推进落实视频会议，进一步安排部署监测防控重点工作。

农业农村部组织制定了《饲料中风险物质的筛查与确认导则液相色谱-高分辨质谱法（LC－HRMS)》标准，自发布之日起实施。

7 日　中国科学院在蒺藜苜蓿雄性不育调控机制及其进化研究中获进展。

14 日　中国科学院发现高寒草地群落生物量和结构可能受大气二氧化碳和土壤 N 营养的共同限制。

17 日　《饲料中甲丙氨酯的测定 液相色谱-串联质谱法》等 8 项标准批准发布为中华人民共和国国家标准。

农业农村部印发《全国乡村产业发展规划（2020—2025年)》。

22日　农业农村部在北京召开农业种质资源保护与利用工作视频会，强调加快完善农业种质资源保护体系，扎实开展农业种质资源登记。

24日　"黄河上游及西北内陆河流域水源涵养功能提升技术"国家级高级研修班在甘肃张掖开班。

31日　中国学者研究发现横断山是高寒植物的起源地和避难所。

8月

4日　内蒙古举行草原生态保护修复新闻发布会。

5日　国家林业和草原局组织召开草原保护修复暨草原奖补政策后续建议研讨会，就草原生态保护补助奖励、草原确权承包、草原生态保护修复等进行研讨。

5—6日　云南省2020年草原管理培训班在昆明举办，国家林业和草原局相关司局领导参加。

7日　中国科学院发现，随着外源氮输入的增加，植物多样性呈线性下降，细菌多样性对氮输入呈非线性响应。

12日　由兰州大学牵头承担的国家重点研发计划"青藏高原退化草地恢复的主要物源制约因子及其应用技术研发"项目启动会暨课题实施方案论证会在兰州大学草地农业科技学院召开。

13日　中国科学院揭示油菜素甾醇信号平衡植物生长和抗紫外胁迫新机制。

17日　黑龙江农业农村厅联合省财政厅印发《黑龙江省2020年首蓿基地建设项目实施方案》。

19—20日　全国农技中心在内蒙古自治区杭锦后旗召开2020年全域种植业绿色生产试验示范现场观摩会。

20日　中国科学院在草坪草抗寒性评价及抗寒机理研究中获进展。

21日　中国科学院基于黄杞属植物揭示物种的界定与概念化。

22日　全国草品种审定委员会办公室公示 2020 年审定申报草品种。

山西农业大学在利用全基因组预测鉴定多年生黑麦草氮高效的应用潜力中取得新进展。

26—29日　国家林业和草原局调研内蒙古鄂尔多斯市草原保护和生态修复情况。

27日　中国林学会遴选出 10 个重大林草科学问题和 10 个重大林草工程技术难题。

29日　国家林业和草原局公布了内蒙古自治区敕勒川等 39 处全国首批国家草原自然公园试点建设名单，标志着我国国家草原自然公园建设正式开启。

31日　山西农业大学构建了谷子全生育期基因表达图谱和多组学数据库，促进碳四植物高光效、高肥效、抗旱抗病等分子基础研究。

9 月

4日　中国林业工程建设协会草原生态专业委员会在兰州召开成立大会。

9日　中国科学院揭示草地和森林两类生态系统土壤呼吸对降水量变化的不对称响应机制。

15—16日　中国科学院亚热带农业生态研究所组织召开"南方生态高效农牧业发展"研讨会。

16日　中国科学院揭示活动层不同冻融阶段对高寒草甸生态系统土壤呼吸动态及驱动机制。

17日　农业农村部推介 246 个 2020 年中国美丽休闲乡村。

20日　国家林业和草原局种检中心、农业农村部种检中心、国际种子检验协会认证实验室三位一体建设发展方案现场办公会在兰州大学召开。

23—24日　全国奶业振兴工作现场会在山东青岛召开。

28日　中国科学院东北地理与农业生态研究所发现，高二氧化碳浓度下作物水分利用效率的提高有助于作物的干旱适应。

30日　国务院办公厅印发《关于促进畜牧业高质量发展的意见》，就加快构建现代养殖、动物防疫、加工流通等体系及推动畜牧业绿色循环发展等作出部署。

10月

1日　中国科学院发现固氮菌群落慢生根瘤菌属的相对丰度在喀斯特草地中占绝对优势，可作为脆弱生态系统植被恢复优选属。

2日　中国科学院发现多指标综合评价方法获得的氮素管理策略，能明显改善作物籽粒品质和维持土壤肥力。

7日　中国科学院发现化肥配施有机肥显著提高土壤微生物群落的稳定性，降低植物潜在致病菌丰度，提高作物产量。

中国科学院揭示近千年来黄土高原社会—生态系统演变过程及效应。

12日　中华人民共和国农业农村部发布公告第339号，授予"两优228"等水稻、玉米、小麦、大豆等40个植物属（种）661个品种植物新品种权。

2020中国奶业20强（D20）峰会在河北石家庄召开，发布《2020中国奶业质量报告》，启动《中国奶业20强企业三年行动计划》。

第十一届中国奶业大会暨2020中国奶业展览会在河北石家庄举办，大会设置奶牛遗传改良、奶业装备新技术、乳品健康消费等论坛。

16日　中国科学院等揭示碳—氮—磷互作影响根际激发效应机制。

17—18日　中国工程院战略咨询项目"黄土高原典型地区退耕还林（草）成效、问题及对策"进展交流会在西北农林科技大学召开。

20日　中国科学院解析典型草原不同物种和功能群对氮富集的响应，对传统的"养分限制"和"化学计量"假说提出新挑战。

20—22日　2020年内蒙古自治区草原学会年会暨草地生态保护与管理研讨会在阿拉善左旗召开。

22日　中国科学院在蒺藜苜蓿株型调控研究中取得进展。

24日　山西农业大学举办草原生态保护与高质量发展论坛暨山西农业大学草业学院成立大会。

26日　由国家牧草产业技术体系和庆阳市政府主办的第八届（2020）全国草产业高质量发展大会在甘肃环县开幕。

28日　中国科学院与牛津大学合作研究首次明确根瘤菌在根际生长、定殖、侵染根毛细胞、形成根瘤、分化成固氮类菌体和从根瘤中释放各阶段的必需基因。

29日　中国科学院研究发现土壤微生物固碳在干旱区生态系统碳汇中发挥重要作用。

11月

3日　农业农村部副部长张桃林在北京会见乌克兰驻华大使谢尔盖·卡梅舍夫，商讨两国种植养殖全产业链合作事宜。

8日　崇明农业绿色发展座谈会在上海举行，会上中国农业绿色发展研究会崇明实验站和国家农业绿色发展长期固定观测崇明试验站正式揭牌。

16日　中国科学院青藏高原研究所发现雨季始期驱动高寒干旱半干旱区植被返青期。

17日　草地农业生态系统国家重点实验室2020年度学术委员会会议在兰州大学以线上、线下结合的方式召开。

国务院办公厅印发《关于防止耕地"非粮化"稳定粮食生产的意见》。

20日　中国科学院青藏高原研究所发现土壤微生物在干旱区生态系统碳汇中发挥重要作用。

21日　中国自然资源学会草原资源专业委员会成立大会暨首届中国草原资源论坛在内蒙古农业大学草原与资源环境学院召开。

24—25日　2020年畜牧业生产形势分析会暨省级畜牧统计人

员业务培训班在四川成都举办。

25 日　中国农业大学草学学科建设与服务国家战略座谈会在北京召开。

25—26 日　国家自然科学基金基础科学中心项目"生态系统对全球变化的响应"启动会暨年度交流会在云南昆明举行。

27 日　由中国治沙暨沙业学会主办，中国农业科学院草原研究所承办的中国治沙暨沙业学会草原生态修复与草业专业委员会成立暨学术交流大会在内蒙古呼和浩特举行。

30 日　2020 全国饲料生产形势分析会暨饲料监测统计业务培训班在广东珠海召开。

12月

1 日　董凌勃等揭示了黄土高原退耕还草地植物群落动态对生态系统碳储量的影响。

4 日　甘肃省林业和草原局召开全省国家草原自然公园试点建设规划编制座谈会。

9 日　黎松松等比较了一年生和多年生豆禾混播草地超产与多样性效应。

潘权等综述了植物功能性状对生态系统服务影响的研究进展。

14 日　四川省开展草原征用使用情况专项核查。

15 日　祝景彬等揭示了青藏高原高寒湿地植被总初级生产力变化特征及对生长季积温的响应。

15 日　李泽卿等对高山嵩草气孔导度对环境因子的响应模拟进行了研究。

18 日　第三届全国农业行业职业技能大赛草原标准化技术委员会 2020 年度工作会议暨草原标准审查会在成都召开。

20 日　白乌云等揭示了羊草不同地理种群表型变异及其对根茎克隆繁殖的影响。

李成一等表明氮添加对高寒草甸土壤细菌多样性的影响具有阈值限制性。

24 日　四川省草原产业发展与实用技术培训班在西昌召开。

25 日　山西省林业和草原局京津风沙源治理二期工程草地建设项目省级复查工作圆满结束。

图书在版编目（CIP）数据

重庆草业.2020 / 重庆市畜牧技术推广总站编.——
北京：中国农业出版社，2022.10
ISBN 978-7-109-29745-6

Ⅰ.①重… Ⅱ.①重… Ⅲ.①草原－畜牧业经济－统
计分析－重庆－2020 Ⅳ.①F326.3

中国版本图书馆CIP数据核字（2022）第129781号

中国农业出版社出版

地址：北京市朝阳区麦子店街18号楼
邮编：100125
责任编辑：全 聪 文字编辑：赵冬博
版式设计：李 文 责任校对：吴丽婷
印刷：中农印务有限公司
版次：2022年10月第1版
印次：2022年10月北京第1次印刷
发行：新华书店北京发行所
开本：880mm×1230mm 1/32
印张：3.75
字数：100千字
定价：38.00元